Chinese Syntax Tree Diagram

Based on Universal Sentence Structure

Yuko Sakai

Copyright © 2019 Yuko Sakai

All rights reserved.

ISBN: 9781792071379

PREFACE

The goal of this book is to verify the universal sentence structure through the analysis of Chinese sentence structure.

Noam Chomsky (1957) had proposed to establish a universal linguistic theory, which explains any human language. However, he thought it impossible from the beginning saying that "we cannot, apparently, find semantic absolute known in advance of grammar, that can be used to determine the objects of grammar in any way" (*Ibid*: 101). Therefore, he was concerned only with the form of the sentence and never reached the deep structure that defined it.

We should explain the process of the sentence generation starting at the essence of language clarifying the universal sentence structure on the reflection of the past linguistic study.

We have seen the background of the theory in Sakai (2018 (Japanese version, 2002)) clarifying why Linguistics before Einstein failed to reveal the universal sentence structure through the criticism from Plato to Noam Chomsky. The verification of the theory has been intended in Spanish (2017c (Japanese, 2006)), in Japanese (2017 d (Japanese, 2011), in English (2017e (Japanese, 2016) and in Ainu (2017f (Japanese, 2017a)).

Many native speakers themselves think that Chinese does not have a grammar. The reason will be because the Chinese words do not change forms without inflection nor conjugation nor derivation. Instead, the word order is very strict to distinguish their function.

Any language has a grammar to express the cognition, which is a product of the workings of the brain and distinguishes a human being from other animals. While a language is to express the cognition, its structure should be constrained by the structure of the cognition, which is thought to be composed of three-dimensional space and one-dimensional time in the modern science after Albert Einstein. Therefore, we will be able to deduce the universal and deep sentence structure from the four-dimensional structure of cognition.

As for Chinese sentence structure, Sakai (2017b) treated in comparison with above languages. Accordingly, we try to see it more in detail to verify the theory and, at the same time, to make explicit the Chinese sentence structure based on the universal sentence structure.

Yuko Sakai

Chinese Syntax Tree Diagram

CONTENTS

Preface　i
Contents　iii
I. Universal Sentence Structure　1
II. Chinese Sentence Structure　3
　　1. Basic Structure　3
　　2. Sentence Patterns　4
　　　　2. 1. SVO　5
　　　　2. 2. SV　11
　　　　2. 3. VO　13
　　　　2. 4. V　15
　　　　2. 5. SVC　16
　　　　2. 6. SC　18
　　　　2. 7. SVIO　19
　　　　2. 8. VIO　22
　　　　2. 9. Others　24
III. Chinese Parts of Speech　28
　　1. Nouns　28
　　2. Verbs　31
　　　　2. 1. Simple Verbs　31
　　　　2. 2. Compound Verbs　34
　　3. Modifiers of Nouns　35
　　4. Modifiers of Verbs　40
　　5. Conjunctions　62
IV. Variation of the Basic Structure　70
　　1. Change of the Word Order　70
　　　　1. 1. Subjects　70
　　　　1. 2. Direct Objects　74
　　　　1. 3. Indirect Objects　75
　　　　1. 4. Verbs　79
　　　　1. 5. Topicalized Elements　80
　　2. Omission　90
　　　　2. 1. Subjects　91
　　　　2. 2. Direct Objects　97
　　　　2. 3. Indirect Objects　98
　　　　2. 4. Verbs　99
　　　　2. 5. Modified Noun　100
Conclusion　102
Abbreviations　103
Notes　104
References　105

Yuko Sakai

I. Universal Sentence Structure

What is language? Many people say that it is a means of communication and some people, it is an expression of thought. Both are the undoubted fact, but, the question is which is the essence.

In the process of sentence generation, fist, we perceive a thing of the outside world by five senses and, we recognize the thing when we named it the form of a sentence. A thought is not expressed by a single word, but, a sentence, which is the unit of language. Only when the conditions are fulfilled, a sentence is transmitted. Though language is the best means to communicate, the communication is merely incidental after the generation of language.

This is the reason why we human beings have language to comprehend or reconstruct the world in our mind to change it with the hands and to dominate the nature, including the nature in our own mind named desire. If we regard the communication as the essence of language, we cannot explain the reason.

Thing → Perception → Cognition= Language → (Communication)
[Contents] [Form]

Accordingly, we have to start the linguistic theory with its essence; the cognition. Where does the cognition come from? We can find its basis in the physical outside world within a sensory range. Therefore, our cognition is regarded to be constructed by three-dimensional space and one-dimensional time after Albert Einstein and, the sentence structure should be limited by this four-dimensional structure.

A thing in a space occupies a time, which is a synonym of "change" as all things change inevitably, including no change, with time. The one-dimensional time should have the beginning and the end. Consequently, a sentence needs two things to show the beginning and the end of the change. When a thing changes, there must be a third party which enjoys the plus or minus or zero interests caused by the change.

We can find these elements in the traditional sentence structure. Namely, the beginning of the change is expressed by the subject (S), the end of the change, by the direct object (O), the third party, by the indirect object (I) and the change, by the verject (V), distinguished from a part of speech "verb". The universal sentence structure is deduced from the structure of four-dimensional cognition.

The theory is so simple as to be express in two formulas.

Formula 1. Universal Sentence Structure

Sentence = S + V + O + I   (order not specified)

These components are indispensable to recognize the four-dimensional space-time and to express any sentence of any language. And, there cannot be another element than these when the cognition is limited and restricted by the space-time.

Formula 2. Universal Modifiers

Modifiers= Quality/Quantity/Place/Time

While a three-dimensional thing; subject or direct object or indirect object expressed in a noun, is composed of quality and quantity occupying some place and time, its modifiers extracted from it, which are adjectives, should be or qualifier or quantifier or of place or of time including their compound.

While the change, expressed in a verb, is of the thing composed of quality and quantity occupying some place and time, the modifiers of a verb, or adverbs, should be also or qualifier or quantifier or of place or of time including their compound.

The beginning and the end of one dimensional time are either identical or not. Accordingly, the verb changes either oneself or the other; the former is intransitive and the latter, transitive. The reflexive direct object is not always expressed in some languages; He sits (*himself*) on the couch. Er setzt (*sich*) auf die Couch (German), but, it is always expressed in other languages; Il *s'*assied sur le canapé (French). Él *se* sienta en el sofá (Spanish). *Si* siede sul divano (Italian). [1)]

The universal sentence structure takes various forms depending on the grammar of each language, which we will see in Chinese in the following.

Chinese Syntax Tree Diagram

II. Chinese Sentence Structure

1. Basic Structure

(1) Chinese Basic Sentence Structure

```
┌──── S 谁/什么 shéi/shén me (who/what)
├(Av-T) 什么时候 shén me shí hoù (when)
├(Av-P) 哪里 nǎ li (where)
├(Av-Ql) 怎么 zěn me (how), 为什么 wèishéme (why)
├(Av-Qt) 不 bù/没 méi (not)
│    ┌ V
│    ├(Av-Ql) 了 le (perfection), 过 guo (experience),着 zhe (continuity)
│    ├(Av-Ql/P) 到 dào(get), 懂 dǒng(understand), 完 wán(finish), 去 qù (go), 来 lái(come)
│    ├(Av-Ql) 得很好 de hěn hǎo (well)
│    └(Av-Qt) 多久 duōjiǔ (how long)/多少次 duōshǎo cì (how many times)
├──── I 谁 shéi (to whom)
└──── O 什么/谁 shén me/ shéi (what/who)
     └ (Av-Ql) 吗 ma (interrogation), 吧 ba (suggestion), 啊 a (exclamation)
```

Chinese, the SVO language the same as English, is a more isolating language than English because a word does not change the form.

The monosyllabic words are stems. A noun does not inflect without distinction of the gender nor the number basically and, the noun before the noun is an adjective the same as in English. A verb does not conjugate, which may be a noun, an adjective or an adverb without formal change nor preposition. Namely, the infinitive, gerund, present and past particles have the same form as the conjugated verb.

The words are expressed in a Chinese letter, 汉字 hànzì, which is a dependent or independent morpheme, whose part of speech changes according to the position. Therefore, the word order has much more importance in Chinese than in English.

The sound and tone of a letter of the same meaning are almost fixed, except slight variation influenced by the surrounding sounds or the meaning. The homonymy is distinguished by tones, are four in standard Chinese, and avoided by making compound words. [2)]

Being monosyllabic, a verb may have many modifiers mostly derived from a verb, which make the verb more detailed analytically.

The adverbs of time, place, quality and quantity are basically before the verb and, in the formal grammar, the modifier after the verb is called "complement", which is also a kind of adverb. Accordingly, we call the modifiers of the noun, adjectives and, those of the verb, adverbs. The final particle, which shows if the sentence is interrogative or perfective or suggestive etc., never modifies the noun, but the verb, therefore, we regard it also a kind of adverb based on the space-time cognition.

2. Sentence Patterns

The four components SVIO and their modifiers can make the following 33 sentence patterns. Accordingly, any sentence of any language should be one of them.

FIGURE 1. Possible Sentence Patterns (order not specified)

Nummber of Components		Patterns		+c
4	1	SVOI	16	SV-cOI
3	2	SVO	17	SV-cO
	3	SVI	18	SV-cI
	4	SOI	19	SOI-c
	5	VOI	20	V-cOI
2	6	SV	21	SV-c
	7	SO	22	SO-c
	8	SI	23	SI-c
	9	VO	24	V-cO
	10	VI	25	V-cI
	11	OI	26	OI-c
1	12	S	27	S-c
	13	V	28	V-c
	14	O	29	O-c
	15	I	30	I-c
0	31	av	33	c
	32	aj		

Chinese Syntax Tree Diagram

Among the possible sentences we see the frequency in Chinese and English. [3)]

FIGURE 2.   FIGURE 3.

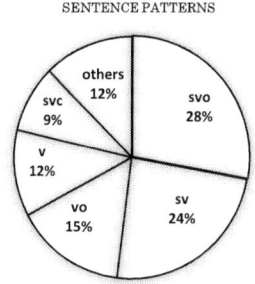
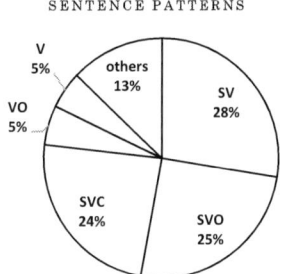

2. 1. SVO

The SOV sentence pattern is the most frequent in Chinese.

(2) 李明买了一本厚厚的词典. Lǐ míng mǎile yī běn hòu hòu de cídiǎn (Li Ming bought a thick dictionary.)
```
  ┌ S 李明 Lǐ míng (Li Ming)
  ├ V 买 mǎi (buy)
  ├(Av-Ql) 了 le (perfection particle)
  │    ┌(Aj-Qt) 一本 yī běn (one copy)
  │    ├(Aj-Ql) 厚厚 hòu hòu (be thick be thick) 的 de (adjective marker)
  └ O 词典 cídiǎn (dictionary)
```

(3) 我知道这个消息. wǒ zhīdào zhège xiāoxī (I know that news.)
```
  ┌ S 我 wǒ (I)
  ├ V 知道 zhīdào (know)
  │    ┌(Pro-Aj) 这个 zhège (this)
  └ O 消息 xiāoxī (news)
```

(4) 我们一起欢迎新人入场. wǒmen yīqǐ huānyíng xīnrén rù chǎng (Let's welcome the bride and groom together.)
```
  ┌ S 我们 wǒmen (we)
  │ ┌(Av-Ql) 一起 yīqǐ (together)
  ├ V 欢迎 huānyíng (welcome)
  └ O ┌ S 新人 xīnrén (new person)
      └ V 入场 rù chǎng (enter)
```

(5) 雨淋着我们了. yǔ línzhe wǒmenle (The rain is dripping us.)
```
  ┌ S 雨 yǔ (rain)
  ├ V 淋 lín (drench)
  ├(Av-Ql) 着 zhe (continuity particle)
  ├ O 我们 wǒmen (we)
  └(Av-Ql) 了 le (perfection particle)
```

(6) 平时我很少喝乌龙茶. píngshí wǒ hěn shǎo hē wūlóngchá (I rarely drink oolong tea.)
```
┌(Av-T) 平时 píngshí (usually)
├ S 我 wǒ (I)
│     ┌(Av-Qt) 很 hěn (very)
├(Av-Qt) 少 shǎo (be little)
├ V 喝 hē (drink)
└ O 乌龙茶 wūlóngchá (oolong tea)
```

(7) 他今年秋天入大学. tā jīnnián qiūtiān rù dàxué (He entered college this fall.)
```
┌ S 他 tā (he)
│     ┌(Aj-T) 今年 jīnnián (this year)
├(Av-T) 秋天 qiūtiān (fall)
├ V 入 rù (enter)
└ O 大学 dàxué (college)
```

(8) 他们见过两次面. tāmen jiànguo liǎng cì miàn (They have met twice.)
```
┌ S 他们 tāmen (they)
├ V 见 jiàn (see)
├(Av-Ql) 过 guo (experience particle)
├(Av-Qt) 两次 liǎng cì (twice)
└ O 面 miàn (face)
```

(9) 他歇了一歇. tā xiēle yī xiē (He took a break.)
```
┌ S 他 tā (he)
├ V 歇 xiē (rest)
├(Av-Ql) 了 le (perfection particle)
│     ┌(Aj-Qt) 一 yī (one)
└ O<V 歇 xiē (rest)
```

(10) 我打算邀请他去吃晚饭. wǒ dǎsuàn yāoqǐng tā qù chī wǎnfàn (I intend to invite him to dinner.)
```
┌ S 我 wǒ (I)
├ V 打算 dǎsuàn (intend)
└ O ┌ V 邀请 yāoqǐng (invite)
    ├ I 他 tā (he)
    └ O < V 去 qù (go)
        └(Av-Ql) ┌ V 吃 chī (eat)
                 └ O 晚饭 wǎnfàn (dinner)
```

In the traditional formal grammar the nouns after the verb are regarded as direct objects; 我去学校. wǒ qù *xuéxiào* (I go to *shool*), 他们跑到了车站. tāmen pǎo dàole *chēzhàn* (They ran to the *station*), 我们吃馆子. wǒmen chī *guǎnzi* (We eat in the *restaurant*) etc.

If we regard the 学校 xuéxiào (school) as a direct object, the verb 去 qù (go) is a transitive verb to express movement the same as "reach", "leave", "enter", "walk/run (the streets)" etc.

However, as 从家里 cóng jiālǐ (from home) indicates the starting point, and 学校 xuéxiào (school), the arriving point in (11), it is adequate to regard both of them as the adverb of place. We see also in (12) the adverb before the verb takes the form of phase.

Chinese Syntax Tree Diagram

(11) 他从家里去学校. tā cóng jiālǐ shàngxué (He is going to school from home.)
```
── S 他 tā (he)
 ┌(Av- P) V 从 cóng (be based on)
 │        └(Av- P) 家里 jiālǐ (home)
 ├ V 去 qù (go)
 └(Av-P) 学校 xuéxiào (to school)
```

(12) 我在学校有很多考试. wǒ zài xuéxiào yǒu hěnduō kǎoshì (I have a lot of exams at school.)
```
── S 我 wǒ (I)
 ┌(Av- P) V 在 zài (be)
 │        └(Av- P) 学校 xuéxiào (school)
 ├ V 有 yǒu (have)
 │            ┌(Av-Qt) 很 hěn (very)
 │  ┌(Aj-Qt) 多 duō (be many)
 └ O 考试 kǎoshì (exam)
```

The traditional grammar distinguishes 准滨语 zhǔn bīnyǔ (quasi-object) from 真滨语 zhēn bīnyǔ (true object). As the noun after the verb may not have a so-called preposition, the quasi-objects appear to be the direct object. Chinese noun may be an adverb without prepositions the same as English adverbs of time such as "today", "last year" etc. They are not the end of change expressed by the verb, but the modifiers of the verb. At least, these adverbs cannot be before the verb with the direct object marker, as they are not the direct object. (Cf. IV. 1. 1.2.)

(13) 我去学校. wǒ qù xuéxiào (I go to school.)
```
┌ S 我 wǒ (I)
├ V 去 qù (go)
└(Av-P) 学校 xuéxiào (school)
```

(14) 他们跑到了车站. tāmen pǎo dàole chēzhàn (They ran to the station.)
```
┌ S 他们 tāmen (they)
├ V 跑 pǎo (run)
├(Av-Ql) 到 dào (reach)
├(Av-Ql) 了 le (perfection particle)
└(Av-P) 车站 chēzhàn (station)
```

(15) 我们吃馆子. wǒmen chī guǎnzi (We eat in the restaurant.)
```
┌ S 我们 wǒmen (we)
├ V 吃 chī (eat)
└(Av-P) 馆子 guǎnzi (restaurant)
```

(16) 我睡小床. wǒ shuì xiǎo chuáng (I sleep in a small bed.)
```
┌ S 我 wǒ (I)
├ V 睡 shuì (sleep)
│       ┌(Aj-Ql) 小 xiǎo (be small)
└(Av-P) 床 chuáng ( bed)
```

(17) 他打大锤. tā dǎ dà chuí (He hits with a sledgehammer.)
- S 他 tā (he)
- V 打 dǎ (hit)
- (Av-Ql) 大锤 dà chuí (sledgehammer)

(18) 他写小笔. tā xiě xiǎo bǐ (He writes with a small pen.)
- S 他 tā (he)
- V 写 xiě (write)
  - (Aj-Ql) 小 xiǎo (be small)
- (Av-Ql) 笔 bǐ (pen)

(19) 他唱高音. tā chàng gāoyīn (He sings in the high key.)
- S 他 tā (he)
- V 唱 chàng (sing)
- (Av-Ql) 高音 gāoyīn (hight key)

(20) 他吃养老金. tā chī yǎnglǎo jīn (He lives by pension.)
- S 他 tā (he)
- V 吃 chī (eat)
- (Av-Ql) 养老金 yǎnglǎo jīn (pension)

(21) 他排音乐会的票 tā pái yīnyuè huì de piào (He lines up for the concert ticket.)
- S 他 tā (he)
- V 排 pái (line up)
- (Av-Ql) 音乐会的票 yīnyuè huì de piào (concert ticket)

English SVOC sentence with the perception is expressed in SVO, whose O is a sentence, as the infinitive, gerund and past particle are the stem of the verb as well as the verb itself.

(22) 我听到她在唱歌. wǒ tīng dào tā zài chànggē (I heard her singing)
- S 我 wǒ (I)
- V 听 tīng (hear)
- (Av-Ql) 到 dào (get)
- O
  - S 她 tā (she)
  - V 在 zài (be)
  - (Av-Ql)
    - V 唱 chàng (sing)
    - O 歌 gē (song)

(23) 我看到窗户坏了. wǒ kàn dào chuānghù huàile (I saw the window broken.)
- S 我 wǒ (I)
- V 看 kàn (see)
- (Av-Ql) 到 dào (get)
- O
  - S 窗户 chuānghù (window)
  - V 坏 huài (break)
  - (Av-Ql) 了 le (perfection particle)

Chinese Syntax Tree Diagram

(24) 她感到心跳加速. tā gǎndào xīntiào jiāsù (She felt her heart beat.)
```
─ S 她 tā (she)
─ V 感 gǎn (feel)
 └(Av-Ql) 到 dào (get)
─ O ─ S 心跳 xīntiào (heart)
      └ V 加速 jiāsù (accelerate)
```

The negation 没有 méiyǒu (not have), which takes the form of SVO, is not only the negation of the verb 有 yǒu (have) (25, 26), but also of other verbs, nominalizing the verb as direct object of the verb 有 yǒu (have).

(25) 他和我都没有法语词典. tā hé wǒ dōu méiyǒu Fǎyǔ cídiǎn (He and I both don't have a French dictionary.)
```
─ S 他 tā (he) 和 hé (and) 我 wǒ (I)
─ (Av-Qt) 都 dōu (all)
─ (Av-Qt) 没 méi (not)
─ V 有 yǒu (have)
─ O 法语词典 Fǎyǔ cídiǎn (French dictionary)
```

(26) 他没有勇气. tā méiyǒu yǒngqì (He has no courage.)
```
─ S 他 tā (he)
─ (Av-Qt) 没 méi (not)
─ V 有 yǒu (have)
─ O 勇气 yǒngqì (courage)
```

(27) 巴士没有来. bāshì méiyǒu lái (The bus did not come.)
```
─ S 巴士 bāshì (bus)
─ (Av-Qt) 没 méi (not)
─ V 有 yǒu (have)
─ O <V 来 lái (come)
```

(28) 她没有放弃. tā méiyǒu fàngqì (She did not give up.)
```
─ S 她 tā (she)
─ (Av-Qt) 没 méi (not)
─ V 有 yǒu (have)
─ O <V 放弃 fàngqì (give up)
```

(29) 我还是没有见过她. wǒ háishì méiyǒu jiànguo tā (I still haven't seen her.)
```
─ S 我 wǒ (I)
─ (Av-T) 还是 háishì (still)
─ (Av-Qt) 没 méi (not)
─ V 有 yǒu (have)
─ O ─ V 见 jiàn (see)
      └(Av-Ql) 过 guo (experience particle)
      └ O 她 tā (she)
```

The negation of comparative also takes the same form.

(30) 这座楼没有那座楼高. zhè zuò lóu méiyou nà zuò lóu gāo (This building is not so high as that building.)
```
      ┌(Pro-Aj) 这座 zhè zuò (this)
   ┌ S 楼 lóu (building)
   ┌(Av-Qt) 没 méi (not)
   └ V 有 yǒu (have)
                ┌(Pro-Aj) 那座 nà zuò (that)
            ┌(Aj-Ql) 楼 lóu (building)
   └ O <V 高 gāo (be height)
```

(31) 黄河没有长江长. huánghé méiyǒu chángjiāng cháng (The Yellow River is not longer than Yangtze River.)
```
   ┌ S 黄河 huánghé (Yellow River)
   ┌(Av-Qt) 没 méi (not)
   └ V 有 yǒu (have)
            ┌(Aj-Ql) 长江 chángjiāng (Yangtze River)
   └ O <V 长 cháng (be long)
```

    The personified subject of the verb 有 yǒu (have) may be concrete things, including place, or abstract things, including time.

(32) 那相机有两个镜头. nà xiàngjī yǒu liǎng gè jìngtóu (That camera has two lenses.)
```
          ┌(Pro-Aj) 那 nà (that)
   ┌ S 相机 xiàngjī (camera)
   ├ V 有 yǒu (have)
   │    ┌(Aj-Qt) 两个 liǎng gè (two)
   └ O 镜头 jìngtóu (lense)
```

(33) 这棵树有很多叶子. zhè kē shù yǒu hěnduō yèzi (This tree has a lot of leaves.)
```
          ┌(Pro-Aj) 这 zhè (this)
   ┌ S 棵树 kē shù (tree)
   ├ V 有 yǒu (have)
   │              ┌(Ad-Qt) 很 hěn (very)
   │    ┌(Aj-Ql) <V 多 duō (be many)
   └ O 叶子 yèzi (leaf)
```

(34) 人民的生活水平有了提高. rénmín de shēnghuó shuǐpíng yǒule tígāo (The people's living standards have improved.)
```
                ┌(Aj-Ql) 人民 rénmín (people) 的 de (adjective marker)
          ┌(Aj-Ql) 生活 shēnghuó (life)
   ┌ S 水平 shuǐpíng (standard)
   ┌ V 有 yǒu (have)
   └(Av-Ql) 了 le (perfection particle)
   └ O <V 提高 tígāo (improve)
```

(35) 蔬菜的价格有变动. shūcài de jiàgé yǒu biàndòng (There are fluctuations in the price of vegetables.)
```
          ┌(Aj-Ql) 蔬菜 shūcài (vegetable) 的 de (adjective marker)
   ┌ S 价格 jiàgé (price)
   ├ V 有 yǒu (have)
   └ O 变动 biàndòng (fluctuation)
```

Chinese Syntax Tree Diagram

(36) 这事有我来办. zhè shì yǒu wǒ lái bàn (I will do it.)
```
        ┌(Pro-Aj) 这 zhè (this)
 ┌ S 事 shì (affair)
 ├ V 有 yǒu (have)
 └ O ┌─S 我 wǒ (I)
     ├ V 来 lái (come)
     └(Av-Ql) 办 dào (do)
```

(37) 一年有十二个月. yī nián yǒu shí'èr gè yuè (A year has twelve months.)
```
        ┌(Aj-Qt) 一 yī (one)
 ┌ S 年 nián (year)
 ├ V 有 yǒu (have)
 │   ┌(Aj-Qt) 十二个 shí'èr gè (twelve piece)
 └ O 月 yuè (month)
```

(38) 唐朝有个诗人叫李白. táng cháo yǒu gè shīrén jiào lǐbái. (There was a poet in the Tang Dynasty called Li Bai.)
```
 ┌ S 唐朝 táng cháo (Tang Dynasty)
 ├ V 有 yǒu (have)
 │   ┌(Aj-Qt) (一) 个 (yī) gè (one)
 └ O 诗人 shīrén (poet)
     └(Aj-Ql) V 叫 jiào (call)
             └ C 李白 lǐbái (Li Bai)
```

2. 2. SV

Some of the SV sentences are the intransitive sentence omitted the O identical with the S and the unremarkable I, the third party who enjoys the influence of the change (39, 40) and, others are the transitive sentence omitted the O no identical with the S and the unremarkable I (41, 42). Among the former, the verb corresponding to "be + adjective" is characteristic of Chinese (43, 44).

(39) 很多人来找过你. hěnduō rén lái zhǎoguo nǐ (Many people have come to see you.)
```
              ┌(Av-Qt) 很 hěn (very)
         ┌(Aj-Qt) 多 duō (be many)
 ┌─ S 人 rén (person)
 └─ V 来 lái (come)
    ├(Av-Ql) ┌ V 找 zhǎo (look for)
    └(Av-Ql) │ 过 guo (experience particle)
             └ O 你 nǐ (you)
```

(40) 秋天就要到了. qiūtiān jiùyào dàole (Autumn is coming.)
```
    ┌── S 秋天 qiūtiān (autumn)
    ├(Av-T) 就要 jiùyào (soon)
    ├ V 到 dào (come)
    └(Av-Ql) 了 le (perfection particle)
```

(41) 我放在这个皮包里. wǒ fàng zài zhège píbāo lǐ. (I put it in this bag.)
```
┌─ S 我 wǒ (I)
├─ O (把那个 bǎ nàgè (that))
├─ V 到 dào (come)
└─(Av-P) 在 zài (be)
              ┌(Pro-Aj) 这个 zhège (this)
    └(Av-P) 皮包 píbāo (bag) 里 lǐ (inside)
```

(42) 他在箱子上用记号笔写. tā zài xiāngzi shàng yòng jìhào bǐ xiě (He writes with a marker on the box.)
```
┌─ S 他 tā (he)
├(Av-P) V 在 zài (be)
│           └(Av-P) 箱子 xiāngzi (box) 上 shàng (top)
├(Av-Ql) ┌ V 用 yòng (use)
│        │   ┌(Aj-Ql) 记号 jìhào (sign)
│        └ O 笔 bǐ (pen)
├─ V 写 xiě (write)
└─ O (字 zì (letter))
```

(43) 我现在很幸福. wǒ xiànzài hěn xìngfú (I am very happy now.)
```
┌─ S 我 wǒ (I)
├(Av-T) 现在 xiànzài (now)
├(Av-Qt) 很 hěn (very)
└ V 幸福 xìngfú (be happy)
```

(44) 今天气温低. jīntiān qìwēn dī (The temperature is low today.)
```
┌(Av-T) 今天 jīntiān (today)
├─ S 气温 qìwēn (temperature)
└─ V 低 dī (be low)
```

The formal grammar counts (45, 46) among SVO sentences, regarding the noun after the verb as a direct object. But, they are the SV sentence with the adverb of place.

(45) 钢笔在桌子上. gāngbǐ zài zhuōzi shàng (The pen is on the table.)
```
┌─ S 钢笔 gāngbǐ (they)
├─ V 在 zài (be)
└(Av-Ql) 桌子 zhuōzi (table) 上 shàngne (top)
```

(46) 他现在在车站的检票口. tā xiànzài zài chēzhàn de jiǎnpiào kǒu (He is now at the ticket gate of the station.)
```
┌─ S 他 tā (he)
├(Av-T) 现在 xiànzài (now)
├─ V 在 zài (be)
│     ┌(Aj-P) 车站 chēzhàn (station) 的 de (adjective marker)
└(Av-P) 检票口 jiǎnpiào kǒu (ticket gate)
```

The progressive also takes the SV sentence pattern the same as in English. (47) is the full progressive sentence, of which the adverb 正 zhèng (just) and the emphatic particle 呢 ne may not be expressed (48) and even only the emphatic particle may signify the progressive such as in (49) sometimes with 着 zhe (V touch> continuity particle).

Chinese Syntax Tree Diagram

Formal grammarians regard the verb 在 zài (be) as an adverb because it is before the seeming main verb, but, it is in fact the main verb to express the state of the subject.

(47) 他们正在吃饭呢. tāmen zhèng zài chī fàn ne (They are just eating.)
```
─ S 他们 tāmen (they)
  (Av-Ql) 正 zhèng (just)
  V 在 zài (be)
  (Av-Ql) ┌V 吃 chī (eat)
          └O 饭 fàn (food<rice)
  (Av-Ql) 呢 ne (emphatic particle)
```

(48) 他在写信. tā zài xiě xìn (He is writing a letter.)
```
─ S 他 tā (he)
  V 在 zài (be)
  (Av-Ql) ┌V 写 xiě (write)
          └O 信 xìn (letter)
```

(49) 外面下着雨呢. wàimiàn xiàzhe yǔ ne (It's raining outside.)
```
(Av-P) 外面 wàimiàn (outside)
  V 下 xià (fall)
  (Av-Ql) 着 zhe (continuity particle)
  S 雨 yǔ (rain)
  (Av-Ql) 呢 ne (emphatic particle)
```

2. 3. VO

The subject is omitted more easily than in English when it known in the context.

(50) 笑一笑！xiào yīxiào (Smile!)
```
┌ S (我 wǒ (I))
├ V (请 qǐng (ask))
├ I (你 nǐ (you))
└ O ┌V 笑 xiào (wait)
    │  ┌(Aj-Qt) 一 yì (one)
    └O<V 笑 xiào (wait)
```

(51) 真羡慕你.　zhēn xiànmù nǐ (I really envy you.)
```
┌ S (我 wǒ (I))
  (Av-Ql) 真 zhēn (really)
  V 羡慕 zài (be)
  └ O 你 nǐ (you)
```

(52) 请替我向老师们问好. qǐng tì wǒ xiàng lǎoshīmen wènhǎo (Please say hello to the teachers for me.) [4)]
```
┌ S (我 wǒ (I))
├ V 请 qǐng (ask)
├ I (你 nǐ (you))
└ O ┌ S (你 nǐ (you))
    │   ┌(Av-Ql) ┌ V 替 tì (substitute)
    │   │        └ O 我 wǒ (I)
    │   ├(Av-Ql) ┌ V 向 xiàng (face)
    │   │        └ O 老师们 lǎoshīmen (teaches)
    │   ├ V 问 wèn (question)
    │   └ O 好 hǎo (be good)
```

(53) 去西安请在郑州站换车. qù xī'ān qǐng zài zhèngzhōu zhàn huàn chē (To get to Xian, please change at Zhengzhou Station.)
```
┌(Av-Ql) 去 qù (go)
│ └(Av-P) 西安 xī'ān (Xian)
├ S (我 wǒ (I))
├ V 请 qǐng (ask)
├ I (你 nǐ (you))
└ O ┌ S (你 nǐ (you))
    │ ┌(Av-Ql) V 在 zài (be)
    │ │        └(Av-P) 郑州站 zhèngzhōu zhàn (Zhengzhou Station)
    │ ├ V 换 huàn (cahnge)
    │ └ O 车 chē (train)
```

In (54) the subject of the subordinate sentence is omitted not to repeat the same subject of the main verb, which is omitted in (55, 56) not to repeat the same subject of the preceding subordinate sentence.

(54) 我想把美元换成欧元. wǒ xiǎng bǎ měiyuán huàn chéng ōuyuán (I want to exchange U.S. dollars for euros.)
```
┌ S 我 wǒ (I)
├ V 想 qǐng (think)
└ O ┌ S (我 wǒ (I))
    │ ┌(Aj-Ql) 把 bǎ (direct object marker)
    │ └ O 美元 měiyuán (U. S. doller)
    ├ V 换成
    └(Av-Ql) 欧元 ōuyuán (euro)
```

(55) 我们变沙漠为良田. wǒmen biàn shāmò wèi liángtián (We changed the desert to a good farm.)
```
            ┌ S 我们 wǒmen (we)
            ├ V 变 biàn (change)
┌(Av-Ql) └ O 沙漠 shāmò (desert)
├ S (我们 wǒmen (we))
├ V 为 wèi (do)
│   ┌(Aj-Qt) 良 liáng (good)
└ O 田 tián (farm)
```

14

Chinese Syntax Tree Diagram

(56) 类人猿最终进化为人. lèirényuán zuìzhōng jìnhuà wéirén (The apes eventually evolved into man.)

```
          ┌ S 类人猿 lèirényuán (apes)
          │ ┌(Av-Ql) 最终 zuìzhōng (eventually)
  ┌(Av-Ql)│ └ V 进化 jìnhuà (evolve)
 ┌┤ S (类人猿 lèirényuán (apes))
 │└ V 为 wèi (do)
 └ O 人 rén (man)
```

We see later the topicalized OV sentence (348) as a variation of this VO sentence pattern.

2. 4. V

The V sentences are found frequently in idiomatic expressions.

(57) 过奖, 过奖. guòjiǎng, guòjiǎng (You praise me too much.)

```
┌ S (你 nǐ (you))
├ V 过奖 guòjiǎng (over praise)
└ O (我 wǒ (I))
┌ S (你 nǐ (you))
├ V 过奖 guòjiǎng (over praise)
└ O (我 wǒ (I))
```

(58) 在那儿. zài nà'er (He is over there.)

```
┌ S (他 tā (he))
├ V 在 zài (be)
└(Av-T) 那儿 nà'er (there)
```

(59) 糟了, 下雨了. zāole, xià yǔle.! (Oops, it's raining.)

```
┌ S (情况 qíngkuàng (situation))
├ V 糟 zāo (be bad)
└((Av-Ql) 了 le (perfection particle)
┌ V 下 xià (fall)
├ S 雨 yǔ (rain)
└(Av-Ql) 了 le (perfection particle)
```

(60) 说不行, 就不行. shuō bù xíng, jiù bù xíng (I say certainly not.)

```
┌ S (我 wǒ)
├ V 说 shuō (say)
└O ┌ S (那个 nà gè (that))
    └ V 不行 bù xíng (be no good)
┌ S (那个 nà gè (that))
│┌(Av-Ql) 就 jiù (just)
└┤
 └ V 不行 bù xíng (be no good)
```

15

(61) 明天下午三点在王府井见吧. míngtiān xiàwǔ sān diǎn zài wángfǔ jǐng jiàn ba (See you at Wangfujing at three o'clock tomorrow afternoon.)
```
  ┌── S (咱们 zánmen (we (including you))
  ├─(Aj-T) 明天 míngtiān (tomorrow) 下午 xiàwǔ (afternoon) 三点 sān diǎn (three o'clock)
  ├─(Av-P) V 在 zài (be)
  │         └(Av-P) 王府井 wángfǔ jǐng (Wangfujing)
  ├─ V 见 jiàn (see)
  └─(Av-Ql) 吧 ba (suggestion particle)
```

(62) 去轻松一下吧. qù qīngsōng yīxià ba (Let's take a moment to relax.)
```
  ┌── S (咱们 zánmen (we (including you)))
  ├─ V 去 qù (go)
  ├─(Av-Ql) 轻松 qīngsōng (be relaxed)
  ├─(Av-T) 一下 yīxià (a little)
  └─(Av-Ql) 吧 ba (suggestion particle)
```

(63) 特地来看我. tèdì lái kàn wǒ (He took the trouble to see me.)
```
  ┌── S (他 tā (he)
  ├─(Av-Ql) 特地 tèdì (specially)
  ├─ V 来 lái (come)
  └─(Av-Ql) ┌ V 看 kàn (see)
            └ O 我 wǒ (I)
```

2. 5. SVC

English "be + adjective" is expressed with an intransitive verb such as in (43, 44), the complement of the verb 是 shì (be) in SVC is exclusively a noun. Therefore, the SVC (9%) is far less than in English (24%).

Being the noun after the verb, the SVC with the noun complement is regarded also as SVO by formal grammarians. However, the complement, or noun or adjective or adverb, is the modifier of the verb "be" regardless of the part of speech, that is, a kind of adverb.

(64) 他是代表 tā shì dàibiǎo (He is the representative.)
```
  ┌ S 他 tā (he)
  ├ V 是 shì (be)
  └ C 代表 dàibiǎo (representative)
```

(65) 避难所是这里. bìnàn suǒ shì zhèlǐ (The refuge is here.)
```
  ┌ S 避难所 bìnàn suǒ (refuge)
  ├ V 是 shì (be)
  └ C 这里 zhèlǐ (here)
```

Chinese Syntax Tree Diagram

(66) 在开宴会时用鱼做的菜最后上是什么意思吗？zài kāi yàn huì shí yòng yú zuò de cài zuì hòu shàng shì shén me yì si ma (What does it mean to use the fish at the end of the party?)

```
      ┌─ S (人们 rénmen (people))
      │┌(Av-T) ┌ V 在 zài (not)
      ││       │            ┌ V 开 kāi (open)
      ││       │   ┌(Aj-Qt) └ O 宴会 yàn huì (party)
      ││       └(Av-T) 时 shí (time)
      │├ V 用 yòng (use)
      ││           ┌ S 鱼 yú (fish)
      ││  ┌(Aj-Qt) └ V 做 zuò (make) 的 de (adjective markar)
      │└─ O 菜 cài (dish)
      │  ├(Av-T) 最后 zuì hòu (end)
   ┌─ S └(Av-Qt) 上 shàng (up)
   └─ V 是 shì (be)
      │   ┌(Pro-Aj) 什么 shén me (what)
      ├ C 意思 yì si (meaning)
      └(Av-Ql) 吗 ma (interrogation particle)
```

It is frequent the following sentence structure in which the omitted subject of the adjective phrase is the same as the subject is of the static SVC sentence.

(67) 我是这样认为的. wǒ shì zhèyàng rènwéi de (I think so.)

```
   ┌─ S 我 wǒ (I)
   └─ V 是 shì (be)
      │            ┌(Pro-Av) 这样 zhèyàng (so)
      │   ┌(Aj-Ql) V 认为 rènwéi (think) 的 de (adjective marker)
      └ C (人 rén (person))
```

(68) 他们是坐地铁来的. tāmen shì zuò dìtiě lái de (They are those who came by subway.)

```
   ┌─ S 他们 tāmen (they)
   └─ V 是 shì (be)
      │            ┌(Av-Ql) V 坐 zuò (sit)
      │            │        └(Av-P) 地铁 dìtiě (subway)
      │   ┌(Aj-Ql) V 来 lái (come) 的 de (adjective marker)
      └ C (人们 rénmen (persons))
```

(69) 不被人们理解是很痛苦的. bú bèi rénmen lǐjiě shì hěn tòngkǔ de (It is very painful not to be understood by people.)

```
              ┌(Av-Qt) 不 bú (not)
              │┌(Av-Ql) ┌ V 被 bèi (suffer)
              ││        └ O 人们 rénmen (people)
   ┌─ S <V 理解 lǐjiě (understand)
   └─ V 是 shì (be)
      │            ┌(Av-Qt) 很 hěn (very)
      │   ┌(Aj-Ql) V 痛苦 tòngkǔ (be painful) 的 de (adjective marker)
      └ C (事 shì (thing))
```

We can find this structure frequently in the interrogative sentence.

17

(70) 你是从哪儿来的？nǐ shì cóng nǎr lái de (Where did you come from?)
```
┌─ S 你 nǐ (you)
├─ V 是 shì (be)
│     ┌(Av-P) V 从 cóng (be based on)
│     └(Av-P) 哪儿 nǎr (where)
│  ┌(Aj-Ql) V 来 lái (come) 的 de (adjective marker)
└─ C (人 rén (person))
```

(71) 你是怎么弄干那个的？nǐ shì zěnme nòng gàn nàge de (How did you dry that?)
```
┌─ S 你 nǐ (you)
├─ V 是 shì (be)
│        ┌(Av-Ql) 怎么 zěnme (how)
│  ┌(Aj-Ql)├ V 弄 nòng (get)
│  │       └(Av-Ql) 干 nòng (dry)
│  │       └ O 那个 nàge (that) 的 de (adjective marker)
└─ C (人 rén (person))
```

(72) 你通常是怎么叫宝宝的？nǐ tōngcháng shì zěnme jiào bǎobao de (How do you usually call your baby?)
```
┌─ S 你 nǐ (you)
│  ┌(Av-T) 通常 tōngcháng (usually)
├─ V 是 shì (be)
│        ┌(Av-Ql) 怎么 zěnme (how)
│  ┌(Aj-Ql)├ V 叫 jiào (call)
│  │       └ O 宝宝 bǎobao (baby) 的 de (adjective marker)
└─ C (人 rén (person))
```

2. 6. SC

The SC shows that the verb 是 shì (be) may be omitted in some cases, about which we see later in the omission of the verb.

(73) 我北京人. wǒ běijīng rén (I am from Beijing.)
```
┌─ S 我 wǒ (I)
├─ V (是 shì (be))
│  ┌(Aj-P) 北京 běijīng (Beijing)
└─ C 人 rén (person)
```

(74) 今天五月十五号，星期一. jīntiān wǔ yuè shíwǔ hào, xīngqí yī (Today is May 15th, Monday.)
```
┌─ S 今天 jīntiān (today)
├─ V (是 shì (be))
└─ C 五月 wǔ yuè (May) 十五号 shíwǔ hào (15th), 星期一 xīngqí yī (Monday)
```

(75) 八十块钱一斤. bāshí kuài qián yī jīn (Eighty yuan are 500 grams.)
```
     ┌(Aj-Qt) 八十块 bāshí kuài (eighty yuan)
┌─ S 钱 qián (money)
├─ V (是 shì (be))
└─ C 一斤 yī jīn (500 grams)
```

Chinese Syntax Tree Diagram

(76) 现在几点了？xiànzài jǐ diǎnle (What time is it now?)
```
 ┌─ S 现在 xiànzài (person)
 └─ V (是 shì (be))
       ┌(Aj-Ql) 几 jǐ (how many)
     ├─ C 点 diǎn (point) (钟 zhōng (hour))
     └(Av-Ql) 了 le (perfection particle)
```

(77) 他排行老大. tā páiháng lǎodà (He is the eldest.)
```
         ┌(Pro-Aj) 他 tā (he)
     ┌─ S 排行 páiháng (seniority)
     └─ V (是 shì (be))
         └─ C 老大 lǎodà (eldest son)
```

(78) 这个人好心眼儿. zhège rén hǎo xīnyǎn er (This person is very kind.)
```
         ┌(Pro-Aj) 这个 zhège (this)
     ┌─ S 人 rén (person)
     └─ V (是 shì (be))
         ┌(Aj-Ql) 好 hǎo (be good)
         └─ C 心眼 xīnyǎn (heart and eye) 儿 er (friendliness particle)
```

The verb 是 shì (be) and the complement noun may be omitted to make the SC interrogative without the modified noun.

(79) 他昨天早上为什么来的？tā zuótiān zǎoshang wèishéme lái de (Why did he come yesterday morning?)
```
     ┌─ S 他 tā (he)
     └─ V (是 shì (be))
             ┌(Av-T) 昨天 zuótiān (yesterday) 早上 zǎoshang (morning)
           ├(Av-Ql) ┌ V 为 wèi (do)
           │        └ O 什么 shéme (what)
           ┌(Aj-Ql) V 来 lái (come) 的 de (adjective marker)
         └─ C (人 rén (person))
```

2. 7. SVIO

The typical full sentence SVIO expresses the movement of a concrete or abstract thing, whose receiver is the third interested party of the change.

Every change, even no change, causes some interests more or less including zero. However, the SVIO (3%), in English; 2%, is not frequent in many languages, because the interested third party is not expressed if the interests are not so remarkable.

(80) 他给我一个礼物. tā gěi wǒ yí ge lǐwù (He gives me a present.)
```
     ┌─ S 他 tā (he)
     ├─ V 给 gěi (give)
     ├─ I 我 wǒ (I)
     │    ┌(Aj-Qt) 一个 yí ge (one)
     └─ O 礼物 lǐwù (present)
```

(81) 我退给他一块钱. wǒ tuì gěi tā yīkuài qián (I paid him back a yuan.)
```
┌─ S 我 wǒ (I)
├┬ V 退 tuì (return)
│└(Av-Ql) 给 gěi (give)
├─ I 他 tā (he)
│   ┌(Aj-Qt) 一块 yīkuài (one yuan)
└─ O 钱 qián (money)
```

(82) 我问了他几个问题. wǒ wènle tā jǐ gè wèntí (I asked him several questions.)
```
┌─ S 我 wǒ (I)
├┬ V 问 wèn (ask)
│└(Av-Ql) 了 le (perfection particle)
├─ I 他 tā (he)
│   ┌(Aj-Qt) 几个 jǐ gè (several)
└─ O 问题 wèntí (question)
```

(83) 我推荐您这种. wǒ tuījiàn nín zhèi zhǒng (I recommend you this.)
```
┌ S 我 wǒ (I)
├ V 推荐 tuījiàn (recommend)
├ I 您 nín (you (polite))
│   ┌(Pro-Aj) 这 zhèi (this)
└ O 种 zhǒng (kind)
```

(84) 我马上叫服务员过去. wǒ mǎshàng jiào fúwùyuán guòqu (I immediately let the waiter to go.)
```
┌─ S 我 wǒ (I)
│ ┌(Av-T) 马上 mǎshàng (immediately)
├┴ V 叫 jiào (call)
├─ I 服务员 fúwùyuán (waiter)
└─ O< V 过 guò (pass)
       └(Av-Ql) 去 qù (go)
```

(85) 他退休干我什么事？tā tuìxiū gàn wǒ shénme shì (What do I have to do with his retirement?)
```
┌ S ┌S 他 tā (he)
│   └V 退休 tuìxiū (retire)
├ V 干 gàn (relate)
├ I 我 wǒ (I)
│   ┌(Aj-Ql) 什么 shénme (what)
└ O 事 shì (thing)
```

(86) 我建议你用中文写那封信. wǒ jiànyì nǐ yòng zhōngwén xiě nà fēng xìn (I suggest you write the letter in Chinese.)
```
┌ S 我 wǒ (I)
├ V 建议 jiànyì (suggest)
├ I 你 nǐ (you)
│      ┌(Av-Ql) ┌V 用 yòng (use)
│      │        └O 中文 zhōngwén (Chinese)
└ O ┬ V 写 xiě (write)
    │    ┌(Pro-Aj) 那封 nà fēng (that envelope)
    └─ O 信 xìn (letter)
```

Chinese Syntax Tree Diagram

(87) 我帮你拿上去. wǒ bāng nǐ ná shàngqù (I will take it for you.)
```
┌ S 我 wǒ (I)
├ V 帮 bāng (help)
├ I 你 nǐ (you)
└ O ┬ (我 wǒ (I))
    ├ ┬ V 拿 ná (hold)
    │ ├ (Av-Ql) 上 shàng (raise)
    │ └ (Av-Ql) 去 qù (go)
    └ O (你的行李 nǐ de xíngli (your laggage))
```

(88) 母亲教给我与困难作斗争的经验. mǔqīn jiào gěi wǒ yǔ kùnnánnan zuò dòuzhēng de jīngyàn (Mother taught me the experience of fighting difficulties.)
```
┌ S 母亲 mǔqīn (mother)
├ V 教 jiào (teach)
│    ┌(Aj-Ql) 给 gěi (indirect object marker)
├ I 我 wǒ (I)
│           ┌(Av-Ql) 与困难 yǔ kùnnánnan (against difficulty)
│           └ V 作 zuò (make)
│    ┌(Aj-Ql) └ O 斗争 dòuzhēng (fight) 的 de (adjective marker)
└ O 经验 jīngyàn (experience)
```

The SVIO with the abstract direct objet means causative (89-93) or emotional (94), which are called 兼语句 jiānyǔjù (concurrent sentence) in the formal grammar because of the identity of the subject of the infinitive and the indirect object of the main verb.

(89) 她请我吃饭 tā qǐng wǒ chī fàn (She invited me to dinner.)
```
┌ S 她 tā (she)
├ V 请 qǐng (invite)
├ I 我 wǒ (I)
└ O ┬ S (我 wǒ (I))
    ├ V 吃 chī (eat)
    └ O 饭 fàn (meal)
```

(90) 他送她回家. tā sòng tā huí jiā (He sent her home.)
```
┌ S 他 tā (he)
├ V 送 sòng (send)
├ I 她 tā (she)
└ O ┬ S (她 tā (she))
    ├ V 回 huí (return)
    └ (Av-P) 家 jiā (home)
```

(91) 公司派刘旭去河内出差. gōngsī pài liúxù qù hénèi chūchāi (The company sent Liu Xu to travel on business to Hanoi.)
```
┌ S 公司 gōngsī (company)
├ V 派 pài (send)
├ I 刘旭 liú xù (Liu Xu)
└ O ┬ (刘旭 liú xù (Liu Xu))
    ├ V 去 qù (go)
    ├ (Av-P) 河内 Hénèi (Hanoi)
    └ (Av-Ql) 出差 chūchāi (travel on business)
```

(92) 妈妈叫哥哥去买东西. māma jiào gēge qù mǎi dōngxi (Mom asked my brother to go shopping.)
- S 妈妈 māma (mom)
- V 叫 jiào (ask)
- I 哥哥 gēge (brother)
- O
  - S (哥哥 gēge (brother))
  - V 去 qù (go)
  - (Av-Ql)
    - S (哥哥 gēge (brother))
    - V 买 gěi (buy)
    - O 东西 dōngxi (thing)

(93) 我请他跟我握手了. wǒ qǐng tā gēn wǒ wòshǒule (I asked him to shake my hand.)
- S 我 wǒ (I)
- V 请 qǐng (ask)
- I 他 tā (he)
- O
  - S (他 tā (he))
  - (Aj-Ql) 跟 gēn (indirect object marker)
  - I 我 wǒ (I)
  - V 握 wò (grip)
  - O 手 shǒu (hand)
- (Av-Ql) 了 le (perfection particle)

(94) 她感激母亲十分体贴她. tā gǎnjī mǔqīn shífēn tǐtiē tā (She is grateful to her mother for being very considerate of her.)
- S 她 tā (she)
- V 感激 tuījiàn (appreciate)
- I 母亲 mǔqīn (mother)
- O
  - S (母亲 mǔqīn (mother))
  - (Av-Qt) 十分 shífēn (sufficiently)
  - V 体贴 tǐtiē (treat kindly)
  - O 她 tā (she)

2. 8. VIO

The VIO, omitted the known subject of SVIO, counts only 2%.

(95) 你成功. zhù nǐ chénggōng (I wish you success.)
- S (我 wǒ (I))
- V 祝 zhù (wish)
- I 你 nǐ (you)
- O <V 成功 chénggōng (success)

(96) 告诉我一声 gàosù wǒ yīshēng (Tell me.)
- S (你 nǐ (you))
- V 告诉 gàosù (tell)
- I 我 wǒ (I)
- O 一声 yīshēng (one voice)

Chinese Syntax Tree Diagram

(97) 给我一条毛毯. gěi wǒ yì tiáo máotǎn (Give me a blanket.)
- S (你 nǐ (you))
- V 给 gěi (give)
- I 我 wǒ (I)
  - (Aj-Qt) 一条 yì tiáo (one string)
- O 毛毯 máotǎn (blanket)

(98) 给你一千三. gěi nǐ yìqiān sān (I will give you one thousand three yuan.)
- S (我 wǒ (I))
- V 给 gěi (give)
- I 你 nǐ (you)
  - (Aj-Qt) 一千三 yìqiān sān (one thousand three)
- O (块 kuài (yuan))

(99) 请你等一等！qǐng nǐ děng yī děng (Please wait a moment!)
- S (我 wǒ (I))
- V 请 qǐng (ask)
- I 你 nǐ (you)
- O
  - V 等 děng (wait)
    - (Aj-Qt) 一 yì (one)
  - O<V 等 děng (wait)

(100) 跟王先生就要离别啦. gēn wáng xiānshēng jiù yào líbié la (I am leaving with Mr. Wang.)
- S (我 wǒ (I))
  - (Aj-Ql) 跟 gēn (indirect object marker)
    - (Aj-Qt) 王 wáng (Wang)
- I 先生 xiānshēng (mister)
- (Aj-Ql) 就 jiù (soon)
- V 要 yào (need)
- O<V 离别 líbié (separate)
- (Av-Ql) 啦 la (exclamation particle)

(101) 请你把这个句子翻译成英文. qǐng nǐ bǎ zhège jùzǐ fānyì chéng yīngwén (Please translate this sentence into English.)
- S (我 wǒ (I))
- V 请 wǒ (I)
- I 你 nǐ (you)
- O
  - S (你 nǐ (you))
    - (Aj-Ql) 把 bǎ (direct object marker)
      - (Pro-Aj) 这个 zhège (this)
  - O 句子 jùzǐ (sentence)
  - V 翻译 fānyì (translate)
    - (Av-Ql) V 成 chéng (become)
      - C 英文 yīngwén (English)

(102) 如果生活上有什么困难，就跟我说一声. rúguǒ shēnghuó shang yǒu shénme kùnnan, jiù gēn wǒ shuō yì shēng (If there is any difficulty in life, just let me know.)
```
┌(Av-Ql) 如果 rúguǒ (if) ┬─ S (你 nǐ (you))
│                        │   ┌(Av-Ql) 生活 shēnghuó (life) 上 shang (on)
│                        ├── V 有 yǒu (have)
│                        │     ┌(Aj-Ql) 什么 shénme (any)
│                        └── O 困难 kùnnan (difficulty)
├─ S (你 nǐ (you))
├(Av-Ql) 就 jiù (right away)
│     ┌(Aj-Ql) 跟 gēn (indirect object marker)
├─ I 我 wǒ (I)
├─ V 说 shuō (say)
│     ┌(Aj-Qt) 一 yì (one)
└─ O 声 shēng (voice)
```

2.9. Others

SVI

(103) 你对他很温柔. nǐ duì tā hěn wēnróu (You are very gentle to him.)
```
┌─ S 你 nǐ (you)
│     ┌(Aj-Ql) 对 duì (indirect object marker)
├─ I 他 tā (he)
│(Av-Qt) 很 hěn (very)
└─V 温柔 wēnróu (be gentle)
```

(104) 那个行李对我来说太重了. nàgè xínglǐ duì wǒ lái shuō tài zhòngle (That baggage is too heavy for me.)
```
         ┌(Pro-Aj) 那个 nàgè (that)
┌─ S 行李 xínglǐ (baggage)
│         ┌(Aj-Ql) 对 duì (indirect object marker)
├─ I ┌─ S 我 wǒ (I)
│    ├─ V 来 lái (come)
│    └(Av-Ql) 说 shuō (say)
├(Av-Qt) 太 tài (too)
├─V 重 zhòng (be heavy)
└(Av-Ql) 了 le (perfection particle)
```

SVIC

Though the complement noun is omitted, we find the following.

Chinese Syntax Tree Diagram

(105) 王总经理对我们公司从来都是特别照顾的. wáng zǒng jīnglǐ duì wǒmen gōngsī cónglái dōu shì tèbié zhàogù de (General Manager Wang has always taken special care of our company.)

```
    ┌(Aj-Ql) 王 wáng (Wang)
 ── S 总经理 zǒng jīnglǐ (General Manager)
    │  ┌(Aj-Ql) 对 duì (indirect object marker)
    │  │  ┌(Pro-Aj) 我们 wǒmen (we)
 ── I 公司
    ┌(Av-T) 从来 cónglái (ever since)
 ─(Av-Qt) 都 dōu (all)
    │  V 是 shì (be)
    │         ┌(Av-Ql) 特别 tèbié (yesterday)
    │      ┌(Aj-Ql) V 照顾 zhàogù (take care) 的 de (adjective marker)
    └ C (人 rén (person))
```

IV

(106) 往后多跟老同志学！wǎng hòu duō gēn lǎo tóngzhì xué (Learn more with old comrades in the future!)

```
 ── S (你 nǐ (you))
    ┌(Av-T) 往后 wǎng hòu (from now on)
 ─(Av-Qt) 多 duō (be much)
    │  ┌(Aj-Ql) 跟 gēn (indirect object marker)
    │  │  ┌(Aj-Qt) 老 lǎo (old)
 ─ I 同志 tóngzhì (comrade)
 ─V 学 xué (say)
```

(107) 与你无干. yǔ nǐ wúgān (Nothing to do with you.)

```
 ┌ S (这事 zhè shì (this matter))
 │     ┌(Aj-Ql) 与 yǔ (indirect object marker (written language))
 ─ I 你 nǐ (you)
 ─V 无干 wúgān (not relate)
```

VC

(108) 是从石头里生出来的. shì cóng shítou li shēngchulai de (He was born out of the stone.)

```
 ┌ S (他 tā (he))
 ─ V 是 shì (be)
        ┌(Av-P)V ┌ V 从 cóng (be based on)
        │         └ O 石头 shítou (stone) 里 li (inside)
        ┌(Aj-Ql) V 生 shēng (born)
        │        ┌(Av-Ql) 出 chu (go out)
        │        └(Av-Ql) 来 lai (come) 的 de (adjective marker)
        └ C (人 rén (person))
```

(109) 我姓刘, 叫刘晓瑞. wǒ xìng liú, jiào liúxiǎoruì (My surname is Liu, called Liu Xiaorui.)

```
       ┌(Pro-Aj) 我 wǒ (I)
 ── S 姓 xìng
 ─ V (是 shì (be))
 └ C 刘 liú (Liu)
    ── S (我 wǒ (I))
    ─ V 叫 jiào (be called)
    └ C 刘晓瑞 liú xiǎoruì (Liu Xiaorui)
```

IO

(110) 您贵姓？wǒ qǐngwèn nín guìxìng (May I ask your name?)
```
  ┌ S (我 wǒ)
  ├ V (请 qǐng (ask))
  └ O ┌ V (问 wèn (question))
      ├ I 您 nǐn (you (polite))
      │   ┌(Aj-Ql) 贵 guì (be precious)
      └ O 姓 xìng (surname)
```

S

(111) 那个呢？nàgè ne (What is that?)
```
  ┌ S (那个 nàgè (that))
  ├ V (是 shì (be))
  ├ C (什么 shénme (what))
  └(Av-Ql) 呢 ne (interrogation particle)
```

(112) 刘元呢? liú yuàn ne (What about Liu Yuan?)
```
  ┌ S 刘元 liú yuàn (Liu Yuan)
  ├ V (是 shì (be))
  ├ C (怎么样 zěnme yàng (how))
  └(Av-Ql) 呢 ne (interrogation particle)
```

O

(113) 一路平安. yīlù píng'ān (I wish you a safe journey.)
```
  ┌ S (我 wǒ)
  ├ V (祝 zhù (wish))
  ├ I (您 nǐn (you (polite)))
  ├ O 一路 yīlù (say)
  └(Av-Ql) 平安 píng'ān (be safe)
```

(114) 早日康复. nín zǎorì kāngfù (I hope you get well soon.)
```
  ┌ S (我 wǒ)
  ├ V (祝 zhù (wish))
  ├ I (您 nǐn (you (polite)))
  │   ┌(Av-T) 早日 zǎorì (soon)
  └ O <V 康复 kāngfù (recover)
```

C

(115) 现在几点? shíjiān xiànzài shì jǐ diǎn? (What time is it now?)
```
  ┌ S (时间 shíjiān (time))
  ├(Av-T) 现在 xiànzài (now)
  ├ V (是 shì (be))
  │   ┌(Pro-Aj) 几 jǐ (how many)
  └ C 点 diǎn (o'clock)
```

(116) 多少钱？zhège duōshǎo qián (How much is this?)
```
  ┌ S (这个 zhège (this))
  ├ V (是 shì (be))
  │   ┌(Aj-Qt) 多 duō (much) 少 shǎo (little)
  └ C 钱 qián (money)
```

Chinese Syntax Tree Diagram

(117) 怎么了？nǐ shì zěnmeliǎo (What happened to you?)
- S (你 nǐ (you))
- V (是 shì (be))
- C 怎么 (how)
- (Av-Ql) 了 le (perfection particle)

(118) 好主意！hǎo zhǔyì (That's a good idea!)
- S (这 zhè (this))
- V (是 shì (be))
  - (Aj-Qt) (一个 yīgè (one))
  - (Aj-Ql) 好 hǎo (be good)
- C 主意 zhǔyì (idea)

Av

(119) 那么，按你的意见呢？nàme, àn nǐ de yìjiàn ne (So, according to your opinion, (what is that)?)
- (Av-Ql) 那么 nàme (so)
- (Av-Ql)
  - V 按 àn (hold firmly)
    - (Pro-Aj) 你 nǐ (you) 的 de (adjective marker)
    - O 意见 yìjiàn (opinion)
- S (那 nà (that))
- V (是 shì (be))
- C (什么 shénme (what))
- (Av-Ql) 呢 ne (interrogation particle)

(120) 上午还是下午？shàngwǔ háishì xiàwǔ (Is the festival held in the morning or in the afternoon?)
- S (节日 jiérì (festival))
- (Av-T) 上午 shàngwǔ (morning) 还是 háishì (or) 下午 xiànzài (afternoon)
- V (举行 jǔxíng (be hold))

Aj

(121) 真的吗？zhēn de ma (Is that true?)
- S (那 nà (that))
- V (是 shì (be))
  - (Aj-Ql) V 真 zhēn (be true) 的 de (adjective marker)
- C (事 shì (thing))
- (Av-Ql) 吗 ma (interrogation particle)

III. Chinese Parts of Speech

The classification of the Chinese parts of speech is various in the formal grammar; some grammarians distinguish 15 parts, and others, 13 parts.

However, while the language is based on the space-time cognition, all the parts should attribute to the space and the time in any language.

Consequently, the universal parts of speech are the noun to express the space, the verb to express the time, the modifiers of the former, the modifiers of the latter and many languages require conjunctions to connect the parts and the markers to distinguish them. We see the universal parts in Chinese in the following.

1. Nouns

Nouns express three-dimensional things, some of which are concrete or perceptible and others, abstract or conceptual as shown in the FIGURE 4.

FIGURE 4. Chinese Nouns

N	谁/什么 shéi/shén me (who/what)	[concrete]	水 shuǐ (water) 家 jiā (house)
		[abstract]	東 dōng (east) 西 xī (west) 理 lǐ (reason) 去 qù (to go/going) 走 zǒu (to walk/ walking)
		Phrase	货物船 huò wù chuán (cargo ship)
		Clause	(我想) 他爱你 (wǒ xiǎng) tā ài nǐ ((I think) he loves you)
	Pronoun	Referential	我 wǒ (I) 你/您 nǐ/ nín (you) 他/她/它 tā (he/ she/it)
		Interrogative	什么 shén me (what) 谁 shéi (who) 哪 nǎ (which)

A noun is expressed in a letter, which is a monosyllable morpheme without distinction of gender nor number fundamentally. However, many nouns are composed of more than two syllables to avoid the homonymy.

Even some basic morphemes are dependent, such as 月 yuè (moon) in 月亮 yuèliàng (moon) combined with 亮 liàng (bright), 木 mù (wood) in 木头 mùtou (wood) combined with 头 tou (head) etc.

The members of a family are expressed in the repetition of the dependent morphemes; 爸爸 bàba (father), 妈妈 māmā (mother), 哥哥 gēgē (older brother), 弟弟 dìdì (younger brother), 姐姐 jiějiě (older sister), 妹妹

Chinese Syntax Tree Diagram

mèimei (younger sister) etc. The dependent morpheme 师 shī (teacher) makes a word 老师 lǎoshī (teacher) combining with the honorific adjective 老 lǎo (old), the younger friend named 王 Wang is called with diminutive morpheme;小王 xiao wang (little Wang) and some dependent morphemes need diminutive 子 zi (child) to be a word; 儿子 érzi (son), 孩子 háizi (child), 帽子 màozi (hat), 桌子 zhuōzi (table), 椅子 yǐzi (chair) etc.

For another example, the noun 车 chē (wheel) is used only as an abbreviation of the combined noun 汽车 qìchē (automobile), 自行车 zìxíngchē (bicycle), 摩托车 mótuōchē (motorcycle), 公共汽车 gōnggòng qìchē (bus<public automobile), 火车 huǒchē (train) etc.

A verb, generally combined with the object or the adverb to be distinguished, may be a noun without infinitive marker "to" nor the derivational suffix of gerund "ing".

(122) 学习基础是很重要的. xuéxí jīchǔ shì hěn zhòngyào de (It is important to learn the basis.)
```
  ┌─ S ┌ V 学习 xuéxí (learn)
  │    └ O 基础 jīchǔ (basis)
  ├─ V 是 shì (be)
  │              ┌(Av-Qt) 很 hěn (very)
  │    ┌(Aj-Ql) <V 重要 zhòngyào (be important) 的 de (adjective marker)
  └─ C (事情 shìqing (thing))
```

(123) 我喜欢走路. wǒ xǐhuān zǒulù (I like to walk.)
```
  ┌ S 我 wǒ (I)
  ├ V 喜欢 xǐhuān (like)
  └ O ┌ V 走 zǒu (walk)
      └ O 路 lù (way)
```

Also the infinitive combines to make a noun more firmly, for example the verb 生 shēng (give birth), which means "birth" as a dependent nominal morpheme, makes nouns in combination such as 生活 shēnghuó (livelihood<life+activity), 生命 shēngmìng (anima<life+lifespan), 人生 rénshēng (lifetime<man+life), 生物 shēngwù (living creature<life+thing) etc.

A sentence is a noun always without any marker such as "that" in English.

(124) 我想他们也有各种事情. wǒ xiǎng tāmen yěyǒu gè zhǒng shìqíng (I think they have all kinds of circumstances too.)
```
  ┌ S 我 wǒ (I)
  ├ V 想 xiǎng (think)
  └ O ┌─ S 他们 tāmen (they)
      │    ┌(Av-Qt) 也 yě (also)
      ├────┴ V 有 yǒu (have)
      │        ┌(Aj-Ql) 各种 gè zhǒng (every kind)
      └────────┴ O 事情 shìqíng (circumstance)
```

(125) 我觉得你勇敢地选择了新的人生. wǒ juédé nǐ yǒnggǎn de xuǎnzéle xīn de rénshēng (I feel that you have courageously chosen a new life.)
```
┌ S 我 wǒ (I)
├ V 觉得 juédé (feel)
└ O ┌ S 你 nǐ (you)
     ├(Av-Ql) 勇敢 yǒnggǎn (be courageous) 地 de (adverb marker)
     ├ V 选择 xuǎnzé (choose)
     ├(Av-Ql) 了 le (perfection particle)
     └ ┌(Aj-Ql) 新 xīn (be new) 的 de (adjective marker)
       └ O 人生 rénshēng (life)
```

(126) 咱们送陈先生什么礼物好呢？zánmen sòng chén xiānshēng shénme lǐwù hǎo ne (What kind of gift do we give Mr. Chen?)
```
┌ S ┌ S 咱们 zánmen (we (including you))
│   ├ V 送 sòng (send)
│   ├ ┌(Aj-Ql) 陈 chén (Chen)
│   │ └ I 先生 xiānshēng (mister)
│   └ ┌(Aj-Ql) 什么 shénme (what)
│     └ O 礼物 lǐwù (present)
├ V 好 hǎo (be good)
└(Av-Ql) 呢 ne (interrogation particle)
```

We can find the pronoun 它 tā (it) such as in (127, 128). However, pronouns are less frequent than in English, because many words are monosyllabic and not worth being replaced.

(127) 我收下了它. wǒ shōu xiàle tā (I received it.)
```
┌ S 我 wǒ (I)
├ V 收 shōu (receive)
├(Av-Ql) 下 xià (down)
├(Av-Ql) 了 le (perfection particle)
└ O 它 tā (it)
```

(128) 燕子在房檐下做窝了，我每天去看它. yànzi zài fángyán xià zuò wōle, wǒ měitiān qù kàn tā (The swallows made a nest under the eaves. I went to see it every day.)
```
┌ S 燕子 yànzi (swallow)
├(Av-P) V 在 zài (be)
│       └(Av-P) 房檐 fángyán (eave) 下 xià (under)
├ V 做 zuò (make)
├ O 窝 wō (nest)
└(Av-Ql) 了 le (perfection particle)
┌ S 我 wǒ (I)
├(Av-P) 每天 měitiān (every day)
├ V 去 qù (go)
├(Av-Ql) 看 kàn (look)
└ O 它 tā (it)
```

Even the interrogative pronouns do not change the word order, which shows the importance of the word order in Chinese syntax.

Chinese Syntax Tree Diagram

(129) 您喝什么? nín hē shénme (What do you drink?)
- S 您 nín (you (polite))
- V 喝 hē (drink)
- O 什么 shénme (what)

(130) 你给谁写伊妹儿呢? nǐ gěi shéi xiě yī mèi er ne (Who do you write an email for?)
- S 你 nǐ (you)
  - (Aj-Ql) 给 gěi (indirect object marker)
  - I 谁 shéi (who)
- V 写 xiě (write)
- O 伊妹儿 yī mèi er (email)
- (Av-Ql) 呢 ne (interrogation particle)

(131) 你准备和她一起去哪呢？nǐ zhǔnbèi hé tā yīqǐ qù nǎ ne (Where are you going with her?)
- S 你 nǐ (you)
- V 准备 zhǔnbèi (prepare)
  - S (你 nǐ (you))
    - (Av-Ql) 和 hé (and) 她 tā (she)
    - (Av-Ql) 一起 yīqǐ (together)
  - O
    - V 去
    - (Pro-Av) 哪 nǎ (where)
    - (Av-Ql) 呢 ne (interrogation particle)

2. Verbs

Verbs express the time or change beginning with the subject and ending with the direct object, which are the parties concerned distinguished from the third party or the indirect object.

FIGURE 5. Chinese Verbs

V	做 (什么) zuò (shénme) do (what)	Simple [Adjectival]	来 lái (come) 去 qù (go) 吃 chī (eat) 是 shì (be)
			好 hǎo (be good) 热 rè (be hot) 新 xīn (be new)
		Compound	登山 dēngshān (climb mountain)
			说明 shuōmíng (explain <say clear)
			知道 zhīdào (know <know way)
			买来 mǎi lái (buy <buy come)
			跑出去 pǎochūqù (run out <run exit leave)

2. 1. Simple Verbs

The verbs expressing the change to others are transitive; 给 gěi (give), 放 fàng (put), 喝 hē (drink), 买 mǎi (buy), 追 zhuī (chase) etc. and, the verbs expressing the change to themselves, including zero change, are intransitive; 哭 kū (cry), 病 bìng (fall ill), 在 zài (exist), 是 shì (be) etc.

Most of the Chinese verbs may be transitive and intransitive, depending on the context. The forms of the intransitive "come" and the transitive "bring" are different in English, but, they take the same form in Chinese as the directions of the movement are the same (132, 133). The same can be seen also in the intransitive "go" and the transitive "send" (134, 135).

(132) 客人来了. kèrén láile (The guest is here.)
    ┌ S 客人 kèrén (guest)
    ├ V 来 lái (come)
    └(Av-Ql) 了 le (perfection particle)

(133) 来一碗茶！lái yī wǎn chá (Bring a bowl of tea!)
    ┌ S (你 nǐ (you))
    ├ V 来 lái (bring)
    │ ┌(Aj-Qt) 一碗 yī wǎn (one bowl)
    └ O 茶 chá (tea)

(134) 明天，我从天津去北京. míngtiān, wǒ cóng tiānjīn qù běijīng (Tomorrow, I am going to Beijing from Tianjin.)
    ┌(Aj-Ql) 明天 míngtiān (tomorrow)
    ├ S 我 wǒ (I)
    ├(Av-P) V 从 cóng (be based on)
    │   └(Av-P) 天津 tiānjīn (Tianjin)
    ├ V 去 qù (go)
    └(Av-P) 北京 běijīng (Beijing)

(135) 我给他去过两封信. wǒ gěi tā qùguo liǎng fēng xìn (I have sent him two letters.)
    ┌ S 我 wǒ (I)
    │ ┌(Aj-Ql) 给 gěi (indirect object marker)
    ├ I 他 tā (he)
    ├ V 去 qù (send)
    ├(Av-Ql) 过 guo (experience particle)
    │ ┌(Aj-Qt) 两封 liǎng fēng (two envelope)
    └ O 信 xìn (letter)

In English, the preposition leading an adverb phrase (136, 137) distinguishes the intransitive. But, this formal distinction is not available in Chinese, because the adverbs are nouns without prepositions, which look like the direct object apparently as we have seen above; (13-21). Moreover, the omission of the direct object is more frequent in Chinese as we see later in IV. 1.2., therefore, the distinction between the transitive and the intransitive is more ambiguous.

(136) I walked to the station.
    ┌ S I
    ├ V walked
    └(Av-P) to the station.

(137) I walked the street.
    ┌ S I
    ├ V walked
    └ O the street.

In addition, some Chinese verbs may be also the passive verb, so to say, they have the passive aspect such as in Latin without conjugation. The verb

Chinese Syntax Tree Diagram

看 kàn (examine) is active in (138) and passive in (139) in the same form.
Not having the conjugation nor prepositions, Chinese verbs are quite flexible depending on the context.

(138) 他什么病都看. tā shénme bìng dōu kàn (He examines any illness.)
- S 他 tā (he)
  - (Aj-Ql) 什么 shénme (what)
- O 病 bìng (ilness)
- (Av-Qt) 都 dōu (all)
- V 看 kàn (examine)

(139) 我的祖父看外科. wǒ de zǔfù kàn wàikē (My grandfather is examined at the surgery.)
  - (Aj-Ql) 我 wǒ (I) 的 de (adjective marker)
- S 祖父 zǔfù (grandfather)
- V 看 kàn (be examined)
- (Av-P) 外科 wàikē (surgery)

For example, English adjective "long" is not an adjective in Chinese, but an intransitive verb "be long", which is never used with the verb 是 shì (be). We may call them "adjectival verbs", which requires quantifier adverb 很 hěn (very) as the adjective marker, except antithesis such as (141), in which the contrast clarifies that they are the adjectival verb.

(140) 天气很好. tiānqì hěn hǎo (The weather is nice.)
- S 天气 tiānqì (weather)
- (Av-Qt) 很 hěn (very>predicate marker)
- V 好 hǎo (be nice)

(141) 这个房子大, 另一个房子小. zhège fángzi dà, lìng yīgè fángzi xiǎo (This house is big and the other house is small.)
  - (Aj-Ql) 这个 zhège (this)
- S 房子 fángzi (house)
- V 大 dà (be big)
  - (Aj-Ql) 另一个 lìng yīgè (the other)
- S 房子 fángzi (house)
- V 小 xiǎo (be small)

Provided that the 很 hěn (very) is pronounced accented, it means literally "very". But, the unaccented predicate marker 很 hěn makes explicit that the next word is an adjectival verb. For example, though the word 热 rè may be the noun "fever" or the adjective "hot" or the transitive verb "warm" or the intransitive adjectival verb "be hot", the predicate marker shows expressly that it is an adjectival verb.

All adjectives are comparative or a matter of degree, therefore, it is quite natural that the quantifier 很 hěn (very), for which may substitute 非常 fēicháng (extraordinarily), 十分 shífēn (sufficiently), 特别 tèbié (especially) etc., is utilized to characterize the adjectival verb.

(142) 被蜂蛰的可能性很大. bèi fēng zhé de kěnéng xìng hěn dà (It is highly likely to be stung by bees.)
```
            ┌(Av-Ql) ┌V 被 bèi (suffer)
            │        └O 蜂 fēng (bee)
            └(Aj-Ql) V 蛰 zhé (stung) 的 de (adjective marker)
 ┌ S 可能性 kěnéng (possibility)
 │    ┌(Av-Qt) 很 hěn (very>predicate marker)
 └ V 大 dà (be big)
```

2. 2. Compound Verbs

We can distinguish five types of compound verb, whose structure reflects the standard sentence structure; S+V (头痛 tóu tòng (head hurt), 性急 xìng jí (temperament be hasty)), V+O (帮忙 bāng máng (help busyness), (见面 jiàn miàn (see face)), Av+V (热爱 rè'ài (ardently love), 迟到 chí dào (late arrive)), V+Av (打破 dǎ pò (hit broken), 推开 tuī kāi (push open)), V+V (发展 fā zhǎn (send extend; grow), 成立 chéng lì (succeed stand; establish)).

The S+V, which contains the S and expresses how is the S, is intransitive. The affirmative sentence may be analyzed originally as (143). However, as the negative adverb 不 bù (not) is before S+V, it is adequate to regard it as a compound verb (144, 145).

(143) 我头痛了. wǒ tóu tòngle (I have a headache.)
```
    ┌(Av-Ql) 我 wǒ ((as for) I )
    ├─ S 头 tóu (head)
    ├─V 痛 tòng (hurt)
    └(Av-Ql) 了 le (perfection particle)
```

(144) 我不头痛了. wǒ bù tóu tòng le (I don't have a headache.)
```
    ┌─ S 我 wǒ (I)
    ├(Av-Qt) 不 bù (not)
    ├─V 头痛 tóu tòng (head hurt)
    └(Av-Ql) 了 le (perfection particle)
```

(145) 我头痛了. wǒ tóu tòng le (I have a headache.)
```
    ┌─ S 我 wǒ (I)
    ├─V 头痛 tóu tòng (head hurt)
    └(Av-Ql) 了 le (perfection particle)
```

The V+O, which contains the O and does not have another O, allows the modifiers of the V and the O between them (146, 147).

(146) 他帮过我们的忙. tā bangguo wǒmen de máng (He has helped us.)
```
    ┌─ S 他 tā (he)
    ├─V 帮 bang (help)
    └(Av-Ql) 过 guo (experience particle)
        ┌(Aj-Ql) 我们 wǒmen (we) 的 de (adjective marker)
        └─ O 忙 máng (busyness)
```

Chinese Syntax Tree Diagram

(147) 我就跟他见过一次面. wǒ jiù gēn tā jiànguo yīcì miàn (I have seen him once.)
```
├── S 我 wǒ (I)
├─(Av-T) 就 jiù (already)
│   ├─(Aj-Ql) 跟 gēn (indirect object marker)
├── I 他 tā (he)
├── V 见 jiàn (see)
├─(Av-Ql) 过 guo (experience particle)
├─(Av-Qt) 一次 yīcì (once)
└── O 面 miàn (face)
```

3. Modifiers of Nouns

Modifiers of nouns are adjectives, which are always before nouns in Chinese.

FIGURE 6. Chinese Adjectives

Qualifier Aj 什么 shénme (what)	<Aj V	好 hǎo (which is good) 大 dà (which is big) 高 gāo (which is high/tall) 贵 guì (which is expensive)
	<N	书 (店) shū(diàn) (book shop)
	Phrase	鸟的 (羽毛) niǎo de (yǔmáo) (bird's (feather))
	Clause	他坐的 (车) tā zuò de (chē) ((the car) he takes)
Quantifier Aj 多少 duōshǎo (how many)	Cardinal Number	一 yī' (one) 二 èr/两 liǎng (two) 三 sān (three)
	<Aj V	多 duō (which is many) 少 shǎo (which is a few)
	Phrase	一个(肥皂) yīgè (féizào) (one cake (soap))
	Clause	无数的 wú shǔ de (which is countless)
Aj of Place 在哪里 zài nǎlǐ (of where)	Ordinal Number	第一 dì yī (first) 第二 dì èr (second) 第三 dì sān (third)
	<N	海 (风) hǎi(fēng) (sea (breeze))
	Clause	他带进飞机了把的 (行李) tā dài jìn fēi jī le bǎ de (xíng lǐ) (the bag) he brought into the aircraft
Aj of Time 什么时候 shén me shí hoù (of when)	<Aj V	早 zǎo (being early) 晚 wǎn (being late)
	<N	午(餐) wǔ(cān) (luch<afternoon (meal))
	Phrase	半夜的 (电话) bàn yè de (diàn huà)((ring) at midnight)
	Clause	他出生时的(体重)tā chūshēng shí de tǐzhòng ((the weight) when he was born)
Pro-Aj	Referential	这 zhè (this) 那 nà (that)
	Interrogative	什么 shén me (what) 哪 nǎ (which) 谁的 shéi de (whose) 几(个) jǐ (gè) (how many (pieces))

The noun before the noun is an adjective, the same as in English, sometimes with the adjective marker 的 de (<N aim), which makes the genitive corresponding to English "'s" even with inanimate nouns.

(148) 那个船的出港时间预定是什么时候？nàgè chuán de chūgǎng shíjiān yùdìng shì shénme shíhòu (When is that ship scheduled to depart?)
```
                              ┌(Pro-Aj) 那个 nàgè (that)
                        ┌(Aj-Ql) 船 chuán (ship) 的 de (adjective marker)
                  ┌(Aj-Ql) 出港 chūgǎng (depart)
            ┌(Aj-T) 时间 shíjiān (time)
        ┌ S 预定 yùdìng (schedule)
        ├ V 是 shì (be)
        │     ┌(Aj-Ql) 什么 shénme (what)
        └ C 时候 shíhòu (time)
```

(149) 春节是中国放假最长的传统节日. chūn jié shì zhōng guó fàng jià zuì cháng/zhǎng de chuán tǒng jié rì (The Spring Festival is the longest traditional holiday in China.)
```
        ┌ S 春节 chūn jié (Spring Festival)
        ├ V 是 shì (be)
        │   ┌(Aj-Ql) 中国 zhōng guó (China)
        │   ├(Aj-Ql) ┌ S 放假 fàng jià (rest)
        │   │        │   ┌(Av-Ql) 最 zuì (most)
        │   │        └ V 长 (be long)
        │   ├(Aj-Ql) 传统 chuán tǒng (tradition)
        └ C 节日 jié rì (holiday)
```

The adjective markar 的 de after the sentence, or a noun, makes the adjective clause. The adjective marker indispensable to use a clause or sentence as an adjective plays the same role as the relative pronoun in English. Therefore, the relative pronouns "which" and "that" are not necessary in Chinese. But, the interrogative pronoun may be the relative pronoun in repetition as in (152-54).

(150) 他昨天从邮局寄给母亲的行李今天到了. tā zuótiān cóng yóujú jì gěi mǔqīn de xínglǐ jīntiān dàole (The baggage he sent to his mother from the post office yesterday arrived today.)
```
                        ┌ S 他 tā (he)
                        │   ┌(Av-T) 昨天 zuótiān
                        │   ├(Av-P) V 从 cóng (be based on)
                        │   │         └(Av-P) 邮局 yóujú (post office)
                        │   ├ V 寄 jì (send by post)
                        │   │   ┌(Aj-Ql) 给 gěi (indirect object marker)
                        ┌(Aj-Ql)  ├ I 母亲 mǔqīn (mother) 的 de (adjective marker)
                ┌ S 行李 xínglǐ (baggage)
                ├(Av-T) 今天 jīntiān
                ├ V 到 dào (arrive)
                └(Av-Ql) 了 le (perfection particle)
```

Chinese Syntax Tree Diagram

(151) 那位抱着孩子的妇女是他的妻子. nà wèi bàozhe háizi de fùnǚ shì tā de qīzi (That woman holding the child is his wife.)

```
       ┌(Pro-Aj) 那位 nà wèi (that person)
       ├(Aj-Ql) ┌ V 抱 bào (hold)
       │        ├(Av-Ql) 着 zhe (continuity particle)
       │        └ O 孩子 háizi (child) 的 de (adjective marker)
   ┌ S 妇女 fùnǚ (woman)
   ├ V 是 shì (be)
   │        ┌(Pro-Aj) 他 tā (he) 的 de (adjective marker)
   └ C 妻子 qīzi (wife)
```

(152) 谁先来谁先吃. shéi xiān lái shéi xiān chī (Who comes first eats first.)

```
                    ┌ S 谁 shéi (who)
                    ├(Av-T) 先 xiān (in advance)
          ┌(Aj-Ql) └ V 来 lái (come)
    ┌ S 谁 shéi (who)
    ├(Av-T) 先 xiān (in advance)
    └ V 吃 chī (eat)
```

(153) 谁不听话谁就没有礼物. shéi bù tīnghuà shéi jiù méiyǒu lǐwù (Whoever disobeys will have no gifts.)

```
                    ┌ S 谁 shéi (who)
                    ├(Av-Qt) 不 bù (not)
                    ├ V 听 tīng (hear)
          ┌(Aj-Ql) └ O 话 huà (saying)
    ┌ S 谁 shéi (who)
    ├(Av-T) 就 jiù (right now)
    ├(Av-Qt) 没 méi (not)
    ├ V 有 yǒu (have)
    └ O 礼物 lǐwù (present)
```

(154) 谁先回答上来谁有奖. shéi xiān huídá shànglái shéi yǒu jiǎng (Who answers the question first will have the prize.)

```
                    ┌ S 谁 shéi (who)
                    ├(Av-T) 先 xiān (first)
          ┌(Aj-Ql) ├ V 回答 huídá (hear)
                    ├(Av-P) 上 shàng (raise)
                    └(Av-Ql) 来 lái (come)
    ┌ S 谁 shéi (who)
    ├ V 有 yǒu (have)
    └ O 奖 jiǎng (prize)
```

Adjectival verbs, the combination of "be + adjective", modify the noun sometimes directly in the same form; 大 (灾害) dà (zāi hài) (great (disaster)), 清凉 (饮料) qīng liáng (yǐn liào) (refreshing (drinks)) and other times, with the adjective marker 的 de after the nominalization; 大的 (店铺) dà de (diànpù) (big (shop)), 清凉的 (空气) qīngliáng de (kōngqì) (refreshing (air)).

(155) 月亮很美丽.yuèliàng hěn měilì (The moon is beautiful.)
- S 月亮 yuèliàng (moon)
- (Av-Qt) 很 hěn (very>predicate marker)
- V 美丽 měilì (be beautiful)

(156) 美丽的大海 měilì de dàhǎi (beautiful sea)
- (Aj-Qt) V>N 美丽 měilì (be beautiful) 的 de (adjective marker)
- 大海 dàhǎi (sea)

(157) 无人知晓的隐秘 wú rén zhīxiǎo de yǐnmì (the secret that nobody knows)
- (Aj-Qt)
  - S 无人 wú rén (nobody)
  - V 知晓 zhīxiǎo (know) 的 de (adjective marker)
- 隐秘 yǐnmì (secret)

The cardinal numbers are quantifier adjectives and the ordinal numbers are adjectives of both concrete and abstract place.

Demonstrative adjectives are dichotomy the same as in English; 这 zhè (this), 那 nà (that), which make the demonstrative pronoun phrase with some measure word; 这个 zhège (this one), 那个 nàge (that one).

Interrogative qualifier pro-adjectives are as follows.

(158) 这是谁的钥匙？zhè shì shéi de yàoshi (Whose key is this?)
- S 这 zhè (this)
- V 是 zài (be)
- (Pro-Aj) 谁 zài (who) 的 de (adjective marker)
- C 钥匙 yàoshi (key)

(159) 这份合同书上需要谁的签名？zhè fèn hétóng shū shàng xūyào shéi de qiānmíng (Whose signature is required on this contract?)
- (Pro-Aj) 这份 zhè fèn (this set)
- (Aj-Ql) 合同书 hétóng shū (contract)
- (Av-P) 上 shàng (surface)
- S (有人 yǒurén (someone))
- V 需要 xūyào (require)
- (Pro-Aj) 谁 shéi (who) 的 de (adjective marker)
- O 签名 qiānmíng (signature)

(160) 你唱了什么样的歌？nǐ chàngle shénme yàng de gē (What kind of song did you sing?)
- S 你 nǐ (you)
- V 唱 chàng (see)
- ((Av-Ql) 了 le (perfection particle)
- (Pro-Aj) 什么 shénme (what)
- (Aj-Ql) 样 yàng (kind) 的 de (adjective marker)
- O 歌 gē (song)

(161) 他是怎么一个人？tā shì zěnme yīgè rén (What kind of person is he?)
- S 他 tā (he)
- V 是 shì (be)
- (Pro-Aj) 怎么 zěnme (how)
- (Aj-Qt) 一个 yīgè (one)
- C 人 rén (person)

Chinese Syntax Tree Diagram

(162) 你最喜欢什么水果呢？nǐ zuì xǐhuān shénme shuǐguǒ ne (What kind of fruit do you like best?)
```
├─ S 你 nǐ (you)
├─ (Av-Qt) 最 zuì (most)
├─ V 喜欢 xǐhuān (like)
│    ├─ (Pro-Aj) 什么 shénme (what)
├─ O 水果 shuǐguǒ (fruit)
└─ (Av-Ql) 呢 ne (interrogation particle)
```

(163) 那边是怎么个情况？nà biān shì zěnme gè qíngkuàng (What kind of situation is over there?)
```
├─ S 那边 nà biān (there)
└─ V 是 shì (be)
      ├─ (Pro-Aj) 怎么 zěnme (how)
      ├─ (Aj-Qt) (一) 个 yīgè (one)
      └─ C 情况 qíngkuàng (situation)
```

(164) 你买了哪些杂志？nǐ mǎile nǎxiē zázhì? (Which magazines did you buy?)
```
├─ S 你 nǐ (you)
├─ V 买 mǎi (buy)
├─ ((Av-Ql) 了 le (perfection particle)
│    ├─ (Pro-Aj) 哪些 nǎxiē (which pl.)
└─ O 杂志 zázhì (magazin)
```

(165) 你进行更改了的是哪一部分吗？nǐ jìnxíng gēnggǎile de shì nǎ yībùfèn ma (Which part did you make the change?)
```
         ┌─ (Aj-Ql) ┬─ S 你 nǐ (you)
         │          ├─ V 进行 jìnxíng (advance)
         │          ├─ O 更改 gēnggǎi (change)
         │          └─ (Av-Ql) 了 le (perfection particle) 的 de (adjective marker)
├─ S (一部分) yībùfèn (one part))
├─ V 是 shì (be)
│    ├─ (Pro-Aj) 哪 nǎ (which)
├─ C 一部分 yībùfèn (one part)
└─ (Av-Ql) 吗 ma (interrogation particle)
```

(166) 你几点睡觉呢？nǐ jǐ diǎn shuìjiào ne (What time do you sleep?)
```
├─ S 你 nǐ (you)
│         ├─ (Pro-Aj) 几 jǐ (what)
├─ (Av-T) 点 diǎn (hour)
├─ V 睡觉 shuìjiào (sleep)
└─ (Av-Ql) 呢 ne (interrogation particle)
```

(167) 在几楼下？zài jǐ lóu xià (What floor will you get off at?)
```
├─ S (你 nǐ (you))
├─ (Av-T) V 在 zài (be)
│         │      ├─ (Pro-Aj) 几 jǐ (what)
│         └─ (Av-P) 楼 lóu (floor)
└─ V 下 xià (get off)
```

The interrogative quantifier adjectives are selective, which does not ask the quantity, but if it is much or less.

(168) 这本书多少钱？zhè běn shū duōshǎo qián (How much is this book?)
- (Pro-Aj) 这本 zhè běn (this copy)
- S 书 shū (you)
- V (是 shì (be))
- (Aj-Qt) 多 duō (much) 少 shǎo (little)
- C 钱 qián (money)

(169) 你花了多少时间？nǐ huāle duōshǎo shíjiān (How much time did it take you?)
- S 你 nǐ (you)
- V 花 huā (spend)
- (Av-Ql) 了 le (perfection particle)
- (Aj-Qt) 多 duō (much) 少 shǎo (little)
- O 时间 híjiān (hour)

The interrogative pro-adjective of place is expressed by the selective interrogative pro-adjective 哪 nǎ (which), as the place is limited the same as the interrogative pro-adverb of place we see later.

We have not found the interrogative pro-adjective of the time, but the pro-adverb, which we see later.

The modifier of the adjective is an ad-adjective, though it is regarded superficially as an adverb in the formal grammar for the coincidence of the form; 无(Rh 抗原病)wú (Rh kàng yuán bìng) ((Rh)-null (disease)).

4. Modifiers of Verbs

Modifiers of verbs are the adverb, whose word order is more rigid in Chinese than in English. The adverbs before the verb are regarded as adverbs; 状语 zhuàngyǔ, and the adverbs after the verb are regarded as complements; 补语 bǔyǔ, in the traditional Chinese grammar. So-called 动态助词 dòngtài zhùcí (aspect particle) and 语气助词 yǔqì zhùcí (tone particle) do not modify the noun but the verb.

There may be exceptions to it, however, considering the linearity of language, it would be adequate to say in general that modifiers before the verb concern before the realization of the change indicated by the verb, and the modifiers after verbs, after the realization.

Chinese Syntax Tree Diagram

FIGURE 7. Chinese Adverbs

Qualifier Av 怎么 zěnme (how) 为什么 wèishéme (why)		忽然 hūrán (suddenly) 偷偷 tōutōu (secretly) 幸亏 xìngkuī (fortunately)
	<V	真 zhēn (really) 快 kuài(fast)
	<N	(我是)中国人 (wǒ shì) zhōngguó rén ((I am) Chinese)
	Phrase	静静地 jìng jìng de (slowly) 感动地 gǎndòng de (being impressed) (唱)得很好(chàng) de hěn hǎo ((sing) well) (说话说)得真快(shuōhuà shuō) de zhēn kuài ((speak a story) really fast)
	Clause	如果下雨 rúguǒ xià yǔ (if it rains) 因为他会来 yīnwèi tā huì lái (because he comes) (听)不懂(tīng) bù dǒng ((hear) without understanding) (跑)得满身都是汗(pǎo) de mǎn shēn dōu shì hàn ((ran) being sweaty all over the body)
	Particle	(买)了 mǎi le (have bought; perfection) (住)着 zhù zhe (be living; continuity) (看)过 kàn guo (have ever seen; experience)
Quantifier Av 多大 duōshǎo how much/many		很 hěn (very) 都 dōu (all) 大多 dàduō (mostly) 几乎 jīhū (almost) 不 bù/没 méi(not)
	<N	大量 dàliàng (much) 一点 yīdiǎn (a little)
	<Aj	非常 fēicháng (extraordinarily much/many)
	<V	很多 hěnduō (much) 很少 hěn shǎo (seldom)
	Phrase	(我高兴)得很 wǒ gāoxìng de hěn((I am) very (happy))
Av of Place 哪里 nǎlǐ (where)	<N	前 qián(infront) 后 hòu(behind) 上边 shàngbian(above) 下边 xiàbian (below)
	<V	(上弦月升出)来 (了) (shàngxián yuè shēng chū) lái (le) (first quarter moon rose and has) come (out).
	Phrase	在家 zàijiā (being at home) 到北京 dào běijīng (arriving at Beijing) 在我住的小镇 zài wǒ zhù de xiǎo zhèn (being in the town where I lieve)
Av of Time 什么时候 shén me shí hòu (when)		(我)刚(来一个星期). (wǒ) gāng (lái yīgè xīngqí) ((I) just (came a week ago)) (火车)快(到站了). (huǒchē) kuài (dào zhànle) ((The train) soon (arrives at the station))
	<N	现在 xiànzài (now) 今天 jīntiān (today) 三点钟 sān diǎn zhōng (at three o'clock) 下雪的时候 xià xuě de shíhòu (the time when it rains)
	Phrase	当太阳升起 dāng tàiyáng shēng qǐ (at the moment when the sun rises)
Pro-Av	Referential	在这里 zài zhèlǐ (being here) 在那里 zài nàlǐ (being there)
	Interrogative	什么时候 shén me shí hòu (when) 哪里 nǎ li (which place) 怎么 zěn me (how) 为什么 wèishéme (why)

The adverb phrase of time in (170, 171) is led by the verb 在 zài (be), the same as the adverb of place, and the adverb phrase of time in (172), by the verb 当 dāng (equal).

(170) 世界在现在就产生了变化. zài xiànzài jiù chǎnshēngle biànhuà.(The world has changed now.)
```
   ┌── S 世界 shìjiè (world)
   │┌(Av-T) V 在 zài (be)
   ││     └(Av-T) 现在 xiànzài (now)
   ├(Av-T) 就 jiù (already)
   │┌ V 产生 chǎnshēng (produce)
   │└(Av-Ql) 了 le (perfection particle)
   └── O 变化 biànhuà (change)
```

(171) 那个学生在考试期间感冒了. nàgè xuéshēng zài kǎoshì qíjiān gǎnmàole (That student caught a cold during the exam.)
```
         ┌(Pro-Aj) 那个 nàgè (that)
   ┌── S 学生 xuéshēng (student)
   │┌(Av-T) V 在 zài (be)
   ││        ┌(Aj-Ql) 考试 kǎoshì (exam)
   ││        └(Av-T) 期间 qíjiān (period)
   │┌ V 感冒 gǎnmào (catch cold)
   └(Av-Ql) 了 le (perfection particle)
```

(172) 当我回来的时候, 他已经睡了. dāng wǒ huílái de shíhòu, tā yǐjīng shuìle (When I came back, he was already asleep.)
```
   ┌(Av-T) ┌V 当 dāng (equal)
   │       │┌(Aj-Ql) ┌ S 我 wǒ (I)
   │       ││        ┌V 回 huí (turn)
   │       ││        └(Av-Ql) 来 lái (come) 的 de (adjective marker)
   │       └ O 时候 shíhòu (time)
   ├── S 他 tā (he)
   ├(Av-T) 已经 yǐjīng (already)
   │┌ V 睡 shuì (be asleep)
   └(Av-Ql) 了 le (perfection particle)
```

More frequent is the adverb of time expressed in a noun without a preposition, the same as in English, because the meaning of the word itself indicates the time.

(173) 他今天能来. tā jīntiān néng lái (He can come today.)
```
   ┌── S 他 tā (he)
   ┌(Av-T) 今天 jīntiān (today)
   │┌ V 能 néng (be able)
   └(Av-Ql) 来 lái (come)
```

Chinese Syntax Tree Diagram

(174) 他的叔父去年三月份从那家公司辞职了. tā de shúfù qùnián sān yuèfèn cóng nà jiā gōngsī cízhíle (His uncle resigned from the company last March.)

```
        ┌(Pro-Aj) 他 tā (he) 的 de (adjective marker)
    ─── S 叔父 shúfù (uncle; younger than his parents)
    ┌(Av-T) 去年三月份 qùnián sān yuèfèn (last year March)
    ├(Av-P) V 从 cóng (be based on)
    │             ┌(Pro-Aj) 那家 nà jiā (that)
    │         └(Av-P) 公司 gōngsī (company)
    ├─ V 辞 cí (quit)
    ├─ O 职 zhí (job)
    └(Av-Ql) 了 le (perfection particle)
```

The adverb of time before the verb expresses the time when the change begins and, the adverb after the verb, how long the change has lasted till the end.

(175) 咱们休息十分钟吧. zánmen xiūxi shí fēnzhōng ba. (Let's rest for ten minutes.)

```
    ┌─ S 咱们 zánmen (we; including you)
    ├─ V 休息 xiūxi (work)
    ├(Av-T) 十分钟 shí fēnzhōng (ten minutes)
    └(Av-Ql) 吧 ba (suggestion particle)
```

(176) 我昨天工作了八个小时. wǒ zuótiān gōngzuòle bā gè xiǎoshí (I worked for eight hours yesterday.)

```
    ┌─ S 我 wǒ (I)
    ┌(Av-T) 昨天 zuótiān (yesterday)
    ├─ V 工作 gōngzuò (work)
    ├(Av-Ql) 了 le (perfection particle)
    │         ┌(Aj-Qt) 八个 bā gè (eight)
    └(Av-T) 小时 xiǎoshí (hour)
```

(177) 我在年青时候也曾经做过许多梦. wǒ zài niánqīng shíhòu yě céngjīng zuòguo xǔduō mèng (I also have had many dreams once when I was young.)

```
    ┌─ S 我 wǒ (I)
    ┌(Av-T) V 在 zài (be)
    │             ┌(Aj-Ql) 年青 niánqīng (young)
    │         └(Av-T) 时候 shíhòu (time)
    ├(Av-Ql) 也 yě (also)
    ├(Av-T) 曾经 céngjīng (once)
    ├─ V 做 zuò (make)
    └(Av-Ql) 过 guo (experience particle)
              ┌(Aj-Qt) ┌ V 许 xǔ (allow)
              │        └ O 多 duō (be many)
              └─ O 梦 mèng (dream)
```

They are before the main sentence the adverb nouns of time modified by a clause.

(178) 我去的时候他正在看报纸呢. wǒ qù de shíhòu tā zhèngzài kàn bàozhǐ ne (He was reading the newspaper when I visited him.)
```
                         ┌ S 我 wǒ (I)
         ┌(Aj-Ql) ┴ O 去 qù (go) 的 de (adjective marker)
    ┌(Av-T) 时候 shíhòu (time)
┌──── S 他 tā (he)
├(Av-Ql) 正 zhèng (just)
│      ┌ V 在 zài (be)
├(Av-Ql) ┌ V 看 kàn (read)
│       ┴ O 报纸 bàozhǐ (news paper)
└(Av-Ql) 呢 ne (assertion particle)
```

(179) 我闭上眼睛的时候你总是在那里. wǒ bì shàng yǎnjīng de shíhòu nǐ zǒng shì zài nàlǐ (You are always there when I close my eyes.)
```
                    ┌ S 我 wǒ (I)
              ┌ ┤  V 闭 bì (close)
              │  └(Av-Ql) 上 shàng (up)
        ┌(Aj-Ql) ┴ O 眼睛 yǎnjīng (eye) 的 de (adjective marker)
    ┌(Av-T) 时候 shíhòu (time)
┌──── S 你 nǐ (you)
├(Av-T) 总是 zǒng shì (always)
│    ┌ V 在 zài (be)
└(Pro-Av) 那里 nàlǐ (there)
```

The above quasi-object nouns 学校 xuéxiào (school) in (13); 我去学校. wǒ qù xuéxiào (I go to school) and 馆子 guǎnzi (restaurant) in (14); 我们吃馆子. wǒmen chī guǎnzi (We eat in the restaurant), are the adverb of place. Not only the adverb of time, but the adverb of place is also a noun without preposition in Chinese.

The adverb phrase of place is expressed with the verb of the movement, including no movement in the case of "be", and the place noun; 在家 zài jiā (be home; being at home (at home)), 到北京 dào běijīng (arrive Beijing; arriving at Beijing (to Beijing)), 离火车站 lí huǒchē zhàn (separate train station; separating from the train station (from the station)), 往左 wǎng zuǒ (wend left; wending to the left (to the left)), 朝南 cháo nán (face south; facing to the south (to the south)), 向后 xiàng hòu (face back; backword). The original meaning of the verb 从 cóng (obey/be based on) is mental; 从心 cóng xīn (be based on heart; being based on the heart (from the heart)), which replaced with the meaning in the space and the time; 从上海到香港 cóng shànghǎi dào xiānggǎng (be based on Shanghai arrive Hong Kong; being based on Shanghai arriving at Hong Kong (from Shanghai to Hong Kong)), 从早到晚 cóng zǎo dào wǎn (be based on morning arrive night; being based on morning arrivitn to night (from morning to night)). As these adverb phrases look like prepositional phrases apparently, the formal grammarians call the verbs "prepositions", in which we can find some not seem to derive from the verb such as 于 yú, which substitutes 在 zài in the written language.

As long as we see in the following examples, the adverb of place before

Chinese Syntax Tree Diagram

the verb is known before the change and the adverb of place after the verb is known after the change. The place where they wait is known before in (180), and the place where he forgot the umbrella is known after in (181).

(180) 我和他在那儿等您. wǒ hé tā hái zài nàr děng nín (I'll wait you there with him.)
```
┌─ S 我 wǒ (I) 和 hé (and) 他 tā (he)
│  ┌(Av-P) V 在 zài (be)
│  │     └(Av P) 那儿 nàr (there)
├─ V 等 děng (wait)
└─ O 您 nín (you (polite))
```

(181) 他把伞忘在电车上了. tā bǎ sǎn wàng zài diànchēshang le (He forgot my umbrella on the tram.)
```
┌─ S 他 tā (he)
│    ┌(Aj-Ql) 把 bǎ (direct object marker)
├─ O 伞 sǎn (umbrella)
├─ V 忘 wàng (forget)
├(Av-P) V 在 zài (be)
│      └(Av-P) 电车上 diànchēshang (tram on)
└(Av-Ql) 了 le (perfection particle)
```

However, we can find also many exceptions of this criteria.

(182) 请把脏衣服放在洗衣袋里. qǐng bǎ zāng yīfu fang zài xīyīdàili. (Please put dirty clothes in the laundry bag.)
```
┌─ S(我 wǒ (I))
├─ V 请 qǐng (ask)
├─ I (您 nín (you (polite))
└─ O ┌─S (您 nín (you (polite))
     │   ┌(Aj-Ql) 把 bǎ (direct object marker)
     │   │   ┌(Aj-Ql) 脏 zāng (be dirty)
     ├─ O 衣服 yīfu (clonthes)
     ├─ V 放 fang (put)
     └(Av-P) V 在 zài (be)
                     ┌ V 洗 xǐ (wash)
              ┌(Aj-Ql) └ O 衣 yī (clothes)
             └(Av-P) 袋 dài (bag) 里 li (inside)
```

(183) 行李必須能够放置在頭上的行李艙中. xínglǐ bìxū nénggòu fàngzhì zài tóushàng de xínglǐ cāng zhōng (Baggage must be able to be placed in the baggage compartment on the head.)
```
┌─ S 行李 xínglǐ (baggage)
│ ┌(Av-Ql) 必須 bìxū (necessarily)
├─ V 能 néng (be able)
├(Av-Qt) 够 gòu (be enough)
└(Av-Ql) 放置 fàngzhì (place)
        └(Av-P) V 在 zài (be)
                       ┌(Aj-P) 頭上 tóushàng (head top) 的 de (adjective marker)
                       ├(Aj-Ql) 行李 xínglǐ (baggage)
                       └(Av-P) 艙 cāng (cabin) 中 zhōng (inside)
```

As we have seen above the quasi-objects 大锤 dà chuí (sledgehammer) in (15); 他打大锤. tā dǎ dà chuí (He hits with a sledgehammer.), 养老金

45

yǎnglǎo jīn (pension) in (16); 他吃养老金. tā chī yǎnglǎo jīn (He lives by pension.) and 音乐会的票 yīnyuè huì de piào (concert ticket) in (17); 他排音乐会的票 tā pái yīnyuè huì de piào (He lines up for the concert ticket.) are qualifier adverbs in the form of the noun.

The qualifier adverb before the verb has the marker 地 de (<N ground), which may be omitted in some cases, and the qualifier adverb after the verb has the marker 得 de (<V get), which also may be omitted in some cases.

The qualifier adverb before the verb shows before the change and, the qualifier after the verb shows the result of the change. The adverb before the verb in (184) expresses the situation of the subject before the change or "say" and, the same adverb after the verb in (185), the result after the change or "hear".

(184) 他感动地说. tā gǎndòng de shuō (He moved and said.)
```
┌─ S 他 tā (he)
├─(Av-Ql) 感动 gǎndòng (move) 地 de (adverb marker)
└─ V 说 shuō (say)
```

(185) 我听着她的话很感动. wǒ tīngzhe tā de huà hěn gǎndòng (I was very moved by what she said.)
```
┌─ S 我 wǒ (I)
├─ V 听 tīng (hear)
├─(Av-Ql) 着 zhe (continuity particle)
│   ┌─(Pro-Aj) 她 tā (she) 的 de (adjective marker)
├─ O 话 huà (saying)
│       ┌─(Ad-Av) 很 hěn (very)
└─(Av-Ql) 感动 gǎndòng (move)
```

However, we can hardly find the difference of time between 小心谨慎地 xiǎoxīn jǐnshèn dì (with care) in (186) and 得小心谨慎 de xiǎoxīn jǐnshèn (with care) in (187)

(186) 这是一些容易引发冲突的问题，需要小心谨慎地解决. zhè shì yīxiē róngyì yǐn fā chōngtú de wèntí, xūyào xiǎoxīn jǐnshèn de jiějué (This is a problem that is prone to conflict and needs to be resolved with care.)
```
┌(Av-Ql) ┌─ S 这 zhè (this)
│        └─ V 是 shì (be)
│                        ┌(Av-Qt) 一些 yīxiē (a little)
│                ┌(Av-Ql) 容易 róngyì (be easy)
│                ├─ V 引发 yǐn fā (cause)
│        ┌(Aj-Ql) └─ O 冲突 chōngtú (conflict) 的 de (advjective marker)
│        └─ C 问题 wèntí (problem)
├─ S (我们 wǒmen (we))
├─ V 需要 xūyào (need)
│   ┌(Av-Ql) 小心谨慎 xiǎoxīn jǐnshèn (be careful) 地 de (adverb marker)
└─ O<V 解决 jiějué (solve)
```

Chinese Syntax Tree Diagram

(187) 那里情况复杂, 解决问题得小心谨慎. nàlǐ qíngkuàng fùzá, jiějué wèntí dé xiǎoxīn jǐnshèn (The situation there is complicated, and the problem is handled with care.)
```
             ┌(Pro-Aj) 那里 nàlǐ (there)
    ┌(Av-Ql) ┌ S 情况 qíngkuàng (situation)
    │        └ V 复杂 fùzá (be complicated)
┌── S (我们 wǒmen (we))
├── V 解决 jiějué (solve)
├── O 问题 wèntí (problem)
└──(Av-Ql) 得 de (adverb marker) 小心谨慎 xiǎoxīn jǐnshèn (be careful)
```

The combination of V+N makes also the qualifier adverb phrase, which appears to be a prepositional adverb phrase the same as the above adverbs of place.

(188) 他用针刺麻醉做手术. tā yòng zhēn cì mázuì zuò shǒushù (He did the surgery with acupuncture anesthesia.)
```
┌── S 他 tā (he)
│   ┌(Av-Ql) ┌ V 用 yòng (use)
│   │        └ O 针刺麻醉 zhēn cì mázuì (acupuncture anesthesia)
├── V 做 zuò (do)
└── O 手术 shǒushù (surgery)
```

(189) 她用手帕轻轻地拂拭书上的灰尘. tā yòng shǒupà qīng qīng de fúshì shū shàng de huīchén (She gently wiped the dust off the book with a handkerchief.)
```
┌── S 她 tā (she)
│   ┌(Av-Ql) ┌ V 用 yòng (use)
│   │        └ O 手帕 shǒupà (handkerchief)
├──(Av-Ql) 轻轻 qīng qīng (light light) 地 de (adverb marker)
├── V 拂拭 fúshì (wipe)
│         ┌(Aj-P) 书上 shū shàng (book top) 的 de (adjective marker)
└── O 灰尘 huīchén (dust)
```

Also the comparative, except the negation (30, 31), is expressed with the qualifier adverb phrase.

(190) 今年夏天比去年热. jīnnián xiàtiān bǐ qùnián rè (This summer is hotter than last year.)
```
        ┌(Aj-T) 今年 jīnnián (this year)
┌── S 夏天 xiàtiān (summer)
│   ┌(Av-Ql) ┌ V 比 bǐ (compare)
│   │        └ I 去年 qùnián (last year)
└── V 热 rè (be hot)
```

(191) 他比我高三公分. tā bǐ wǒ gāo sān gōngfēn (He is three centimeters taller than I.)
```
┌── S 他 tā (he)
│   ┌(Av-Ql) ┌ V 比 bǐ (compare)
│   │        └ I 我 wǒ (I)
├── V 高 gāo (be tall)
└──(Av-Qt) 三公分 gōngfēn (three centimeter)
```

(192) 小王跟小李一样喜欢开车 xiǎo wáng gēn xiǎo lǐ yīyàng xǐhuān kāichē (Mr. Wang likes to drive as much as Mr. Lee.)
```
        ┌(Aj-Qt) 小 xiǎo (little)
  ┌─ S 王 wáng (Wang)
  │      ┌(Aj-Ql) ┌ V 跟 gēn (follow)
  │      │        │  ┌(Aj-Qt) 小 xiǎo (little)
  │      │        └ O 李 lǐ (Lee)
  ├(Av-Ql) N 一样 yīyàng (same)
  ├ V 喜欢 xǐhuān (like)
  └ O ┌ V 开 kāi (drive)
      └ O 车 chē (car)
```

The passive sentence takes the same structure as the comparative with the qualifier adverb phrase to lead the agent. The (193, 194) are colloquial and, the (195, 196) are classical, though whose verb 被 bèi (suffer) is going out of use in modern Chinese. The adverbs derived from verbs looks like prepositions before the agent corresponding to English "by".

(193) 树让风刮倒了. shù ràng fēng guā dàole (The tree was blown down by the wind.)
```
  ┌─ S 树 shù (tree)
  │ ┌(Av-Ql) ┌ V 让 ràng (let)
  │ │        └ O 风 fēng (wind)
  ├─┬ V 刮 guā (blow)
  ├(Av-Ql) 倒 dào (down)
  └(Av-Ql) 了 le (perfection particle)
```

(194) 手机叫他弄坏了. shǒujī jiào tā nòng huàile (The mobile phone was broken by him.)
```
  ┌─ S 手机 shǒujī (mobile phone)
  │ ┌(Av-Ql) ┌ V 叫 jiào (call)
  │ │        └ O 他 tā (he)
  ├─┬ V 弄 nòng (break)
  ├(Av-Ql) 坏 huài (be bad)
  └(Av-Ql) 了 le (perfection particle)
```

(195) 报纸给风吹走了. bàozhǐ gěi fēng chuīzǒule (The newspaper was blown off by the wind.)
```
  ┌─ S 报纸 bàozhǐ (news paper)
  │ ┌(Av-Ql) ┌ V 给 gěi (give)
  │ │        └ O 风 fēng (wind)
  ├─┬ V 吹 chuī (scold)
  ├(Av-Ql) 走 zǒu (run)
  └(Av-Ql) 了 le (perfection particle)
```

(196) 小女孩被妈妈训了. xiǎo nǚhái bèi māmā xùnle (The little girl was scolded by her mother.)
```
  ┌─ S 小女孩 xiǎo nǚhái (little girl)
  │ ┌(Av-Ql) ┌ V 被 bèi (suffer)
  │ │        └ O 妈妈 māmā (mother)
  ├─┬ V 训 xùn (scold)
  └(Av-Ql) 了 le (perfection particle)
```

When the agent, who is not interested, is omitted, only the verb 被 bèi (suffer) marks the passive.

Chinese Syntax Tree Diagram

(197) 秦始皇陵地宫之迷被渐渐揭开. qín shǐ huáng líng dìgōng zhī mí bèi jiàn jiān jiē kāi (The mystery of Qin Shi Huang underground mausoleum is gradually unveiled.)
```
            ┌(Aj-Ql) 秦始皇 qín shǐ huáng (Qin Shi Huang)
            ├(Aj-Ql) 陵 líng (mausoleum)
            ├(Aj-Ql) 地宫 dìgōng (underground palace) 之 zhī (adjective marker)
 ┌── S 迷 mí (mystery)
 │┌(Av-Ql) ┌V 被 bèi (suffer)
 ││        └O (有人 yǒurén (someone))
 ├(Av-Ql) 渐渐 jiàn jiān (gradually)
 ├─V 揭 jiē (unveil)
 └(Av-Ql) 开 kāi (open)
```

(198) 没有被请求的支付被取消了. méiyǒu bèi qǐngqiú de zhīfù bèi qǔxiāole (No requested payment was cancelled.)
```
                  ┌(Av-Qt) 没 méi (not)
                  ├─V 有 yǒu (have)
                  │         ┌(Av-Ql) ┌V 被 bèi (suffer)
                  │         │        └O (有人 yǒurén (someone))
         ┌(Aj-Ql) └─ O<V 请求 qǐngqiú (request) 的 de (adjective marker)
 ┌── S 支付 zhīfù (payment)
 │┌(Av-Ql) ┌V 被 bèi (suffer)
 ││        └O (有人 yǒurén (someone))
 ├─V 取消 qǔxiāo (cancell)
 └(Av-Ql) 了 le (perfection particle)
```

The formal grammar regards the following 想 xiǎng, 要 yào, 愿意 yuànyì as an auxiliary verb because of their situation before the verb. However, when the subjects of the main verb and of the subordinate sentence are identical, the latter is omitted; (199, 200). Therefore, we should regard them not the auxiliary verb, but the main verb of the complex sentence.

(199) 我想你喝茶. wǒ xiǎng nǐ hē chá (I want you to drink tea.)
```
 ┌ S 我 wǒ (I)
 ├ V 想 xiǎng (want<think)
 └ O ┌S 你 nǐ (you)
     ├V 喝 hē (drink)
     └O 茶 chá (tea)
```

(200) 我想喝茶. wǒ xiǎng hē chá (I want to drink tea.)
```
 ┌ S 我 wǒ (I)
 ├ V 想 xiǎng (want<think)
 └ O ┌S (我 wǒ (I))
     ├V 喝 hē (drink)
     └O 茶 chá (tea)
```

(201) 她要洗衣服. tā yào xǐ yīfu (She wants to wash clothes.)
```
 ┌ S 她 tā (she)
 ├ V 要 yào (want<need)
 └ O ┌S (她 tā (she))
     ├V 洗 xǐ (wash)
     └O 衣服 yīfu (clothes)
```

(202) 我很愿意帮助你. wǒ hěn yuànyì bāngzhù nǐ (I am very willing to help you.)
```
┌ S 我 wǒ (I)
│ ┌(Av-Qt) 很 hěn (much)
├─V 愿意 yuànyì (hope)
└ O ┌ S (我 wǒ (I))
    ├ V 帮助 bāngzhù (help)
    └ O 你 nǐ (you)
```

The formal grammar regards also the following 能 néng, 会 huì, 可以 kěyǐ, as an auxiliary verb because of the same reason of their situation. But, in reference to (203, 205, 207), they are the main verb also in (204, 206, 208, 209), even though they look more like the auxiliary verb. [5]

(203) 这个人真能. zhè ge rén zhēn néng (This person is truly able.)
```
       ┌(Pro-Aj) 这个 zhè ge (this)
┌ S 人 rén (person)
│ ┌(Av-Ql) 真 zhēn (truely)
└ V 能 néng (be able)
```

(204) 他一定能完成这个任务. tā yīdìng néng wánchéng zhège rènwù (He is surely able to complete this task.)
```
┌ S 他 tā (he)
│ ┌(Av-Ql) 一定 yīdìng (surely)
├─V 能 néng (be able)
└ O ┌ V 完成 wánchéng (complete)
    │   ┌(Pro-Aj) 这个 zhège (this)
    └ O 任务 rènwù (task)
```

(205) 他会汉语. tā huì hànyǔ (He masters Chinese.)
```
┌ S 他 tā (he)
├ V 会 huì (master)
└ O 汉语 hànyǔ (Chinese)
```

(206) 他会说汉语. tā huì shuō hànyǔ (He can speak Chinese.)
```
┌ S 他 tā (he)
├ V 会 huì (master)
└ O ┌ V 说 shuō (speak)
    └ O 汉语 hànyǔ (Chinese)
```

(207) 他的汉语还可以. tā de hànyǔ hái kěyǐ (His Chinese is ok.)
```
       ┌(Pro-Aj) 他的 tā de (his)
┌ S 汉语 hànyǔ (Chinese)
│ ┌(Av-Ql) 还 hái (rather)
└ V 可以 kěyǐ (be acceptable)
```

Chinese Syntax Tree Diagram

(208) 这间屋子可以放三张床. zhè jiān wūzi kěyǐ fàng sān zhāng chuáng (This room can accommodate three beds.)
```
      ┌(Pro-Aj) 这间 zhè jiān (this)
   ┌─ S 屋子 wūzi (room)
   ├─V 可以 kěyǐ (be acceptable)
   └(Av-Ql) ┌ V 放 fàng (put)
            │        ┌(Aj-Qt) 三张 sān zhāng (three spread)
            └ O 床 chuáng (bed)
```

(209) 你可以在休息室吸烟. nǐ kěyǐ zài xiūxí shì xī yān (You can smoke in the lounge.)
```
       ┌─ S 你 nǐ (you)
       ├─V 可以 kěyǐ (be acceptable)
       │           ┌(Av-P) V 在 zài (be)
       │           └(Av-P) 休息室 xiūxí shì (rest room)
       └(Av-Ql) ┌ V 吸 xī (draw)
                └ O 烟 yān (cigarette)
```

More positively than "be acceptable" the verb 可以 kěyǐ may mean "be worth" as in (210) and, moreover, "had better" as in (211), whose meaning is near to the derivational meaning of 应该 yīnggāi (be natural) corresponding to "should". In the similar way, the verb 得 děi (get) means "have to" with the infinitive direct object.

(210) 这个问题很可以研究一番. zhè ge wèntí hěn kěyǐ yánjiū yī fān (This problem is worth considering.)
```
            ┌(Pro-Aj) 这个 zhè ge (this)
         ┌─ S 问题 wèntí (problem)
         ├(Av-Qt) 很 hěn (very> predicate marker)
         ├─V 可以 kěyǐ (be worth)
         └(Av-Ql) V 研究 yánjiū (consider)
                     └(Av-Qt) 一番 yī fān (a little)
```

(211) 这本书写得不错，你可以看看. zhè běn shū xiě de búcuò, nǐ kěyǐ kànkan. (This book is well written, you had better take a look.)
```
                ┌(Pro-Aj) 这本 zhè běn (this copy)
       ┌(Av-Ql) ┌─ S 书 shū (book)
       │        ├─V 写 xiě (write)
       │        └(Av-Ql) 得 de (adverb marker) 不错 búcuò (no bad)
       ├─ S 你 nǐ (you)
       ├─V 可以 kěyǐ (be acceptable)
       └(Av-Ql) 看看 kànkan (look look)
```

(212) 这样做应该. zhèyàng zuò yīnggāi (This should be done.)
```
          ┌(Av-Ql 这样 zhèyàng (this way)
       ┌─ S <V 做 zuò (do)
       └─V 应该 yīnggāi (be natual)
```

51

(213) 你应该听老师的话. nǐ yīnggāi tīng lǎoshī de huà (You should listen to the teacher.)
```
┌ S 你 nǐ (you)
├ V 应该 yīnggāi (be natural)
└(Av-Ql) ┌ V 听 tīng (listen)
         ├(Aj-Ql) 老师 lǎoshī (teacher) 的 de (adjective marker)
         └ O 话 huà (say)
```

(214) 她得到了机会. tā dédàole jīhuì (She got the chance.)
```
┌ S 她 tā (she)
├ V 得 dě (get)
├(Av-Ql) 到 dào (reach)
├(Av-Ql) 了 le (perfection particle)
└ O 机会 jīhuì (chance)
```

(215) 全做完差不多得要五个月. quán zuòwán chàbuduō děi yào wǔ ge yuè (It have to take about five months to finish it all.)
```
          ┌(Av-Qt) 全 quán (be complete)
┌ S< V 做完 zuòwán (finish)
├(Av-Qt) 差不多 chàbuduō (almost)
├ V 得 děi (get)
└ O ┌ V 要 yào (need)
    ├ ┌(Aj-Qt) 五个 wǔ ge (five)
    └ O 月 yuè (month)
```

In the same way we regard the the 敢 gǎn (dare) in (217) as a main verb, as we find it as a main verb in (216).

(216) 你不敢，我敢! nǐ bù gǎn, wǒ gǎn! (You dare not, I dare!)
```
┌ S 你 nǐ (you)
├(Av-Qt) 不 bù
├ V 敢 gǎn (dare)
└(Av-Ql) V (做 zuò (do))
┌ S 我 wǒ (I)
├ V 敢 gǎn (dare)
└(Av-Ql) V (做 zuò (do))
```

(217) 谁敢开门? shéi gǎn kāimén? (Who dares to open the door?)
```
┌ S 谁 shéi (who)
├ V 敢 gǎn (dare)
└(Av-Ql) ┌ V 开 kāi (open)
         └ O 门 mén (door)
```

The adverbs of direction; 上 shàng (up<V go up) 下 xià (down<V go down) 进 jìn (forward<V go foward) 出 chū (out<V go out) 回 huí (back<V go back) 过 guò (over<V go over) 起 qǐ (up<V get up) 倒 dào (down<V drop down) 来 lái (near/close <V come) 去 qù (away<V go away), indicate the change after the verb, sometimes in combination both in concrete (218) and abstract (219) meaning.

The perfection particle 了 le (<V finish), the continuity particle 着 zhe (<V touch) and the experience particle 过 guo (<V pass), which are also a kind of qualifier adverb after the beginning of the change, are never before

the verb, especially the perfection particle 了 le appears not only after the verb also at the end of the sentence frequently.

(218) 他跑出去了. tā pǎo chū qùle (He ran out.)
```
├─ S 他 tā (he)
├─ V 跑 pǎo (run)
├─ (Av-Ql) 出 chū (go out)
├─ (Av-Ql) 去 qù (go away)
└─ (Av-Ql) 了 le (perfection particle)
```

(219) 你听出来了? nǐ tīng chū láile? (Did you understand?)
```
├─ S 你 nǐ (you)
├─ V 听 tīng (hear)
├─ (Av-Ql) 出 chū (go out)
├─ (Av-Ql) 来 lái (come)
└─ (Av-Ql) 了 le (perfection particle)
```

The perfection particle 了 le (<V finish), the continuity particle 着 zhe (<V touch) and the experience particle 过 guo (<V pass), which are also a kind of qualifier adverb after the change, are never before the verb, especially the perfection particle 了 le appears not only after the verb also at the end of the sentence frequently.

(220) 我已经学了两年汉语了. wǒ yǐjīng xuéle liǎng nián hànyǔle (I have been studying Chinese for two years.)
```
├─ S 我 wǒ (I)
├─ (Av-T) 已经 yǐjīng (already)
├─ V 学 xué (hear)
├─ (Av-Ql) 了 le (perfection particle)
├─ (Av-T) 两年 liǎng nián (two year)
├─ O 汉语 hànyǔ (Chinese)
└─ (Av-Ql) 了 le (perfection particle)
```

(221) 他把房卡忘在房间里了. tā bǎ fáng kǎ wàng zài fángjiān lǐle (He forgot his room card in the room.)
```
├─ S 他 tā (he)
│   ├─ (Aj-Ql) 把 bǎ (direct object marker)
├─ O 房卡 fáng kǎ (room card)
├─ V 忘 wàng (forget)
├─ (Av-P) V 在 zài (be)
│           └─ (Av-P) 房间 fángjiān (room) 里 lǐ (inside)
└─ (Av-Ql) 了 le (perfection particle)
```

(222) 我等着你. wǒ děngzhe nǐ (I'm waiting for you.)
```
├─ S 我 wǒ (I)
├─ V 等 děng (wait)
├─ (Av-Ql) 着 zhe (continuity particle)
└─ O 你 nǐ (you)
```

(223) 她去过西藏. tā qùguo xīzàng (She has been to Tibet.)
```
┌ S 她 tā (she)
├ V 去 qù (go)
├(Av-Ql) 过 guo (experience particle)
└(Av-P) 西藏 xīzàng (Tibet)
```

Negative adverbs, which are just before the negated verb, are quantifier expressing the quantity of possibility.

FIGURE 8. Grades of Negative Adverbs

超级 chāojí	awfully	我超级讨厌青蛙. wǒ chāojí tǎoyàn qīngwā (I hate afrogs awfully.)
非常 Fēicháng	very much	他非常激动. tā fēicháng jīdòng (He was very excited.)
很多 hěn duō	much	他吃了很多. tā chīle hěnduō (He has eaten a lot.)
ø	ø	他喝了酒. tā hēle jiǔ (He drank wine.)
一点 yīdiǎn	a little	他长大了一点.tā zhǎng dàle yīdiǎn (He grew up a little.)
很少 hěn hǎo	little	我很少看电影. wǒ hěn shǎo kàn diànyǐng (I rarely watch movies.)
几乎不 jīhū bù	almost not	几乎不下雪. jīhū bùxià xuě (It hardly snows.)
几乎没 jīhū méi	almost not	我几乎没(有)睡觉. wǒ jīhū méi (yǒu) shuìjiào (I barely sleep.)
不 bù	not	她不来. tā bù lái (She does not come.)
没 méi	not	她没(有)来. tā méi (yǒu) lái (She did not come.)
从不 cóng bù	never	他从不说谎. tā cóng bù shuōhuǎng (He never lies.)
永不 yǒng bù	never	她永不放弃. tā yǒng bù fàngqì (She never gives up.)

As the perceptual act of hearing 听 tīng (hear) is one thing and the conceptual act of understanding 懂 dǒng (understand) is another in (224, 225), the quantifier adverb 不 bù (not) negates just the next verb.

(224) 他不听话. tā bù tīng huà (He does not hear.)
```
┌ S 他 tā (he)
├(Av-Qt) 不 bù (not)
├ V 听 tīng (hear)
└ O 话 huà (saying)
```

(225) 他听不懂话. tā tīng bù dǒng huà (He hears but) can't understand.)
```
┌ S 他 tā (he)
├ V 听 tīng (hear)
│   ┌(Av-Qt) 不 bù (not)
├(Av-Ql) 懂 dǒng (understand)
└ O 话 huà (saying)
```

Chinese Syntax Tree Diagram

In the same analytic way the verb 想 xiǎng (think) is one thing and the verb 起来 (remember) is another in (226).

(226) 我怎么也想不起来他的名字. wǒ zěnme yě xiǎng bù qǐlái tā de míngzì (I can't remember his name.)
```
├─ S 我 wǒ (I)
├─ (Av-Ql) 怎么也 zěnme yě (in any way)
├─ V 想 xiǎng (think)
│     ├─ (Av-Qt) 不 bù (not)
├─ (Av-Ql) V 起 qǐ (rise)
│     └─ (Av-Ql) 来 lái (come)
│     ├─ (Pro-Aj) 他 tā (he) 的 de (adjective marker)
└─ O 名字 míngzì (name)
```

做不了 zuò bùle (do not finish) in (228) means "do, but cannot finish", while 不做 bù zuò (not do) in (227) means "not do".

(227) 我们下周日不做乒乓球练习. wǒmen xià zhōu rì bù zuò pīngpāng qiú liànxí (We will not do table tennis exercises next Sunday.)
```
├─ S 我们 wǒmen (we)
│     ├─ (Aj-P) 下 xià (next)
├─ (Av-T) 周日 zhōu rì (Sunday)
├─ (Av-Qt) 不 bù (not)
├─ V 做 zuò (do)
│     ├─ (Aj-Ql) 乒乓球 pīngpāng (table tennis)
└─ O 练习 qiú liànxí (exercises)
```

(228) 没有你我一个人做不了这件事. méiyǒu nǐ wǒ yīgè rén zuò bùle zhè jiàn shì (Without you, I can't do this alone.)
```
            ├─ S (我 wǒ (I))
            ├─ (Av-Qt) 没 méi (not)
            └─ V 有 yǒu (have)
├─ (Av-Ql) └─ O 你 nǐ (you)
├─ S 我 wǒ (I)
├─ (Av-T) 一个人 yīgè rén (alone)
├─ V 做 zuò (do)
├─ (Av-Qt) 不 bù (not)
└─ ( Av-Ql) 了 le (perfection particle)
      ├─ (Pro-Aj) 这件 zhè jiàn (this)
└─ O 事 shì (thing)
```

The distinction between 没 méi and 不 bù is if the negative sentence is realized or not. The presence of 有 yǒu (have) changes the structure of sentence, namely, the verb 来 lái (come) in (229) is a direct object noun in (230). (Cf. (27-29)).

(229) 她没来. tā méi lái (She did not come.)
```
├─ S 她 tā (she)
├─ (Av-Qt) 没 méi (not)
└─ V 来 lái (come)
```

55

(230) 她没有来. tā méi yǒu lái (She did not come.)
```
  ┌─ S 她 tā (she)
  ├─(Av-Qt) 没 méi (not)
  ├─ V 有 yǒu (have)
  └─ O<V 来 lái (come)
```

The quantifier adverb after the verb shows the result of the change (231), including the length of time (232), which is expressed by the time quantifier adverb in the strict sense.

(231) 我坐过两次长途汽车. wǒ zuòguo liǎng cì chángtú qìchē (I have taken a long distance bus twice.)
```
  ┌─ S 我 wǒ (I)
  ├─ V 坐 zuò (sit)
  ├─(Av-Ql) 过 guo (experience particle)
  ├─(Av-Qt) 两次 liǎng cì (two time)
  │      ┌─(Aj-Ql) 长途 chángtú (long distance)
  └─(Av-Ql) 汽车 qìchē (bus)
```

(232) 我来香港一年了. wǒ lái xiānggǎng yī niánle (I have been in Hong Kong for a year.)
```
  ┌─ S 我 wǒ (I)
  ├─ V 来 lái (come)
  ├─(Av-P) 香港 xiānggǎng (Hong Kong)
  ├─(Av-Qt) 一年 yī nián (one year)
  └─(Av-Ql) 了 le (perfection particle)
```

The quantifier adverb after the verb contains the interrogative quantifier pro-adjective substituting the numeral adjective.

(233) 你来中国几年了? nǐ lái zhōngguó jǐ niánle (How many years you've been in China?)
```
  ┌─ S 你 nǐ (you)
  ├─ V 来 lái (come)
  ├─(Av-P) 中国 zhōngguó (China)
  ├─(Av-Qt) 几年 jǐ nián (how many year)
  └─(Av-Ql) 了 le (perfection particle)
```

Explaining the situation before the change, the adverb clause is before the main sentence except anastrophe.

(234) 天还黑着，他就走了. tiān hái hēizhe, tā jiù zǒule (The sky is still dark, and he is gone.)
```
  ┌(Av-Ql) ┌─ S 天 tiān (sky)
  │        ├(Av-T) 还 hái (still)
  │        ├─ V 黑 hēi (be black)
  │        └(Av-Ql) 着 zhe (continuity particle)
  ├─ S 他 tā (he)
  ├(Av-T) 就 jiù (already)
  ├─ V 走 zǒu (advance)
  └(Av-Ql) 了 le (perfection particle)
```

Chinese Syntax Tree Diagram

(235) 你如果真想在中国找工作, 我看不难. nǐ rúguǒ zhēn xiǎng zài zhōngguó zhǎo gōngzuò, wǒ kàn bù nán (If you really want to find a job in China, I think it's not difficult.)
```
┌(Av-Ql) ┌ S 你 nǐ (you)
│        │┌(Conj) 如果 rúguǒ (if)
│        ├(Av-Ql) 真 zhēn (really)
│        └V 想 xiǎng (think)
│                ┌(Av-P) V 在 zài (be)
│                │       └(Av-P) 中国 zhōngguó (China)
│        └ O ┌ V 找 zhǎo (find)
│            └ O 工作 gōngzuò (job)
├ S 我 wǒ (I)
├ V 看 kàn (see)
│        ┌(Av-Qt) 不 bù (not)
└(Av-Ql) 难 nán (be difficult)
```

(236) 我小时候一感冒，妈妈就给我削苹果皮. wǒ xiǎoshíhòu yī gǎnmào, māmā jiù gěi wǒ xuè píngguǒ pí (If I caught a cold when I was a child, my mother peeled me apple peel.)
```
                        ┌ S 我 wǒ (I)
                ┌(Aj-Ql) └ V 小 xiǎo (be litte)
        ┌(Av-T) 时候 shíhòu (time)
        │       ┌ S (我 wǒ (I))
        │       ├(Av-Qt) 一 yī (a little)
┌(Av-Ql)└       └ V 感冒 gǎnmào (catch a cold)
├ S 妈妈 māmā (mother)
├(Av-Ql) 就 jiù (soon)
│        ┌(Aj-Ql) 给 gěi (indirect object marker)
├ I 我 wǒ (I)
├ V 削 xuè (peel)
│        ┌(Aj-Ql) 苹果 píngguǒ (apple)
└ O 皮 pí (peel)
```

The final particle qualifies the change expressed by the verb, therefore, it is also the qualifier adverb. While the cognition is composed of space and time, the modifier not of the noun should not be other than the modifier of the verb. They are used in various senses depending on the context, such as interrogative, exclamatory, imperative, emphatic, suggestive, mitigative etc.

The final particle 吧 ba means that the sentence is a suggestion in (237) and, a supposition in (238).

(237) 我们一起去吧！wǒmen yīqǐ qù ba (Let's go together!)
```
        ┌ S 我们 wǒmen (we)
┌(Av-Ql) 一起 yīqǐ (together)
├ V 去 qù (go)
└(Av-Ql) 吧 ba (suggestion particle)
```

(238) 他已经从深圳回来了吧. tā yǐjīng cóng Shēnzhèn huíláile ba (He has already returned from Shenzhen probably.)
```
┌── S 他 tā (he)
├─(Av-T) 已经 yǐjīng (already)
├─(Av-P) V 从 cóng (be based on)
│         └─(Av-P) 深圳 shēn zhèn (Shenzhen)
└─┬ V 回 huí (return)
  ├─(Av-Ql) 来 lái (come)
  ├─(Av-Ql) 了 le (perfection particle)
  └─(Av-Ql) 吧 ba (supposition particle)
```

The final particle 呢 ne requests an answer for the no yes/no question in (239), frequently with only a noun in an abbreviated form (240) and, in the affirmative sentence (241) it is emphatic, similar to in the progressive with 正 zhèng (just) in many cases (47).

(239) 那个人是谁呢？nà ge rén shì shéi ne (Who is that man?)
```
      ┌(Pro-Aj) 那个 nà ge (that)
┌── S 人 rén (man)
├─ V 是 shì (be)
├─ C 谁 shéi (who)
└─(Av-Ql) 呢 ne (request particle)
```

(240) 我还行，你呢？wǒ hái xíng, nǐ ne? (I am fine as usual, what about you?)
```
┌── S 我 wǒ (I)
├─(Av-Ql) 还 hái (as usual)
└─ V 行 xíng (be fine)
┌── S 你 nǐ (you)
├─(Av-Ql) (怎么样 zěnme yàng (how))
├─ V(行 xíng (do))
└─(Av-Ql) 呢 ne (request particle)
```

(241) 时间还早呢！shíjiān hái zǎo ne! (It's still early.)
```
┌── S 时间 shíjiān (time)
├─(Av-T) 还 hái (still)
├─ V 早 zǎo (be early)
└─(Av-Ql) 呢 ne (affirmation particle)
```

The final particle 的 de in (238) and (239) expresses the affirmation.

(242) 发音也挺好的. fāyīn yě tǐng hǎo de (The pronunciation is also very good.)
```
┌── S 发音 fāyīn (pronunciation)
├─(Av-Ql) 也 yě (also)
├─(Av-Qt) 挺 tǐng (very)
├─ V 好 hǎo (be good)
└─(Av-Ql) 的 de (affirmation particle)
```

Chinese Syntax Tree Diagram

(243) 我永远不会忘记你的. wǒ yǒngyuǎn bù huì wàngjì nǐ de (I will never forget you.)
```
┌── S 我 wǒ (I)
├─(Av-T) 永远 yǒngyuǎn (forever)
│      ┌─(Av-Qt) 不 bù (not)
├─(Av-Qt) 会 huì (master)
├─ V 忘记 wàngjì (forget)
├─ O 你 nǐ (you)
└─(Av-Ql) 的 de (affirmation particle)
```

The final interrogation particle 吗 ma requests an answer for the yes/no question.

(244) 你好吗？nǐ hǎo ma (How are you?)
```
┌── S 你 nǐ (you)
├─ V 好 hǎo (be good)
└─(Av-Ql) 吗 ma (interrogation particle)
```

(245) 你明天来得了吗？nǐ míngtiān láideliǎo ma (Are you coming tomorrow?)
```
┌── S 你 nǐ (you)
├─(Av-T) 明天 míngtiān (tomorrow)
├─ V 来 lái (come)
├─(Av-Ql) 得 de (get)
├─(Av-Ql) 了 liǎo (perfection particle)
└─(Av-Ql) 吗 ma (interrogation particle)
```

(246) 真的吗？zhēn de ma (Is that true?)
```
┌── S (这 zhè (this))
├─ V (是 shì (be))
│    ┌─(Aj-Ql) 真 zhēn (be true) 的 de (adjective marker)
├─ C (东西 dōngxī (thing))
└─(Av-Ql) 吗 ma (interrogation particle)
```

The interrogative pro-adverb of time takes the form of a modified noun (247, 248), which is in the adjective clause in (249), or adverb phrase (250).

(247) 你打算什么时候去中国？nǐ dǎsuàn shénme shíhòu qù zhōngguó (When are you going to China?)
```
┌─ S 你 nǐ (you)
├─ V 打算 dǎsuàn (intend)
└─ O ┌─ S(你 nǐ (you))
     │    ┌─(Pro-Aj) 什么 shénme (what)
     ├─(Av-T) 时候 shíhòu (time)
     ├─ V 去 qù (go)
     └─(Av-P) 中国 zhōngguó (China)
```

(248) 这场官司何时终结？zhè chǎng guānsī hé shí zhōngjié (When will the lawsuit end?)
```
     ┌─(Pro-Aj) 这场 zhè chǎng (this time)
┌─ S 官司 guānsī (lawsuit)
│    ┌─(Pro-Aj) 何 hé (what)
├─(Av-T) 时 shí (time)
└─ V 终结 zhōngjié (end)
```

(249) 你是什么时候来的？nǐ shì shénme shíhòu lái de (When did you come? Are you (man) who came what time?)
```
  ┌ S 你 nǐ (you)
  └ V 是 shì (be)
                    ┌(Pro-Aj) 什么 shénme (what)
            ┌(Av-T) 时候 shíhòu (time)
     ┌(Aj-Ql) 来 lái (come) 的 de (adjective marker)
  └ C (人 rén (man))
```

(250) 你是从什么时候开始的？nǐ shì cóng shénme shíhòu kāishǐ de (When did you start?)
```
  ┌ S 你 nǐ (you)
  └ V 是 shì (be)
            ┌(Av-T) V 从 cóng (be based on)
            │       ┌(Pro-Aj) 什么 shénme (what)
            └(Av-T) 时候 shíhòu (time)
     ┌(Aj-Ql) 开始 kāishǐ (begin) 的 de (adjective marker)
  └ C (人 rén (man))
```

The interrogative pro-adverb of place is expressed with 哪里 nǎlǐ (which place) or simply the abbreviated form 哪 nǎ (which) (253, 254), as the place is limited essentially. It may be a noun (251, 254) or an adverb phrase with 在 zài (be) (252, 253) and, before (253) or after (251, 252, 254, 255) the verb.

(251) 你去哪里啊？nǐ qù nǎlǐ a (Where are you going?)
```
  ┌ S 你 nǐ (you)
  └ V 去 qù (go)
            ┌(Pro-Aj) 哪 nǎ (which)
  ├(Av-P) 里 lǐ (place)
  └(Av-Ql) 啊 a (interrogation particle)
```

(252) 你住在哪里？nǐ zhù zài nǎlǐ (Where do you live?)
```
  ┌ S 你 nǐ (you)
  └ V 住 zhù (live)
   └(Av-P) V 在 zài (be)
                    ┌(Pro-Aj) 哪 nǎ (which)
            └(Av-P) 里 lǐ (place)
```

(253) 你在哪下车？nǐ zài nǎ xià chē (Where are you getting off?)
```
  ┌ S 你 nǐ (you)
  ├(Av-P) V 在 zài (be)
  │       ┌(Pro-Aj) 哪 nǎ (which)
  │       └(Av-P) (里 lǐ (place))
  ├ V 下 xià (descend)
  └ O 车 chē (car)
```

(254) 邮局在哪？yóujú zài nǎ (Where is the post office?)
```
  ┌ S 邮局 yóujú (post office)
  └ V 在 zài (be)
            ┌(Pro-Aj) 哪 nǎ (which)
  └(Av-P) (里 lǐ (place))
```

Chinese Syntax Tree Diagram

(255) 便利店在哪里呢？biànlì diàn zài nǎlǐ ne (Where is the convenience store?)
- S 便利店 biànlì diàn (convenience store)
- V 在 zài (be)
  - (Pro-Aj) 哪 nǎ (which)
- (Av-P) 里 lǐ (place)
- (Av-Ql) 呢 ne (interrogation particle)

The interrogative pro-adverb of manner or quality takes the form of a noun 怎么样 zěnme yang (what manner) (256, 257) or an abbreviated form merely 怎么 zěnme (what) (258, 259). They are before (258, 259) or after (257) the verb.

(256) 天气怎么样？tiānqì zěnme yàng (How is the weather?) - 天气好. tiānqì hǎo (The weather is good.)
- S 天气 tiānqì (weather)
- V(是 shì (be))
  - (Pro-Aj) 怎么 zěnme (what)
- C 样 yàng (mannar)
- S 天气 tiānqì (weather)
- V 好 hǎo (be good)

(257) 你觉得怎么样？nǐ juédé zěnme yàng? (What do you think?)
- S 你 nǐ (you)
- V 觉 jué (feel)
- (Av-Ql) 得 dé (get)
  - (Pro-Aj) 怎么 zěnme (what)
- (Av-Ql) 样 yàng (mannar)

(258) 你是怎么学习的？nǐ shì zěnme xuéxí de (How did you learn? Are you the who leans how?)
- S 你 nǐ (you)
- V 是 shì (be)
  - (Pro-Av) 怎么 zěnme (what)
  - (Aj-Ql) V 学习 xuéxí (learn) 的 de (advjective marker)
- C (人 rén (man))

(259) 这个字怎么念? zhège zì zěnme niàn (How do you pronounce this word?)
  - (Pro-Aj) 这个 zhège (this)
- O 字 zì (character)
- S (你们 nǐmen (you pl.))
- (Pro-Av) 怎么 zěnme (what)
- V 念 niàn (pronounce)

The pro-adverb of quantity is rather used in the form of the exclamative sentence (261-64) than in the interrogative sentence (260).

(260) 这条路多么长？zhè tiáo lù duōme zhǎng (How long is this road?)
  - (Pro-Aj) 这 zhè (this)
- S 条路 tiáo lù (road)
- (Pro-Av) 多么 duōme (how much)
- V 长 zhǎng (be long)

(261) 这朵花多么美啊. zhè duǒ huā duōme měi a (How beautiful this flower is!)
```
       ┌(Pro-Aj) 这朵 zhè (this)
   ┌── S 花 huā (flower)
   │┌(Pro-Av) 多么 duōme (how much)
   └┼ V 美 měi (be beautiful)
    └(Av-Ql) 啊 a (exclamation particle)
```

(262) 孩子们的心愿多么纯真！háizimen de xīnyuàn duōme chúnzhēn (How pure the children's wishes are!)
```
      ┌(Aj-Ql) 孩子们 háizimen (children) 的 de (adjective marker)
   ┌─ S 心愿 xīnyuàn (wish)
   │┌(Pro-Av) 多么 duōme (how much)
   └┴ V 纯真 chúnzhēn (be pure)
```

(263) 他们的生命力多么顽强！tāmen de shēngmìnglì duōme wánqiáng (How tenacious their vitality is!)
```
       ┌(Aj-Ql) 他们 tāmen (they) 的 de (adjective marker)
    ┌─ S 生命力 shēngmìnglì (vitality)
    │┌(Pro-Av) 多么 duōme (how much)
    └┴ V 顽强 wánqiáng (be tenacious)
```

(264) 我们懂得了普通的生活是多么的幸福. wǒmen dǒngdéliǎo pǔtōng de shēnghuó shì duōme de xìngfú (We understand how happy life is in ordinary life.)
```
    ┌─ S 我们 wǒmen (we)
    ├─ V 懂 dǒng (understand)
    ├(Av-Ql) 得 dé (get)
    ├(Av-Ql) 了 liǎo (perfection particle)
    │       ┌(Aj-Ql) 普通 pǔtōng (ordinary) 的 de (adjective marker)
    └─ O ┌─ S 生活 shēnghuó (life)
         └─ V 是 shì (be)
              ┌(Pro-Aj) 多么 duōme (how much) 的 de (adjective marker)
            └ C <V 幸福 xìngfú (be happy)
```

The modifier of an adverb is not an adverb, but "ad-adverb", even if the form is the same.

FIGURE 9. Chinese Ad-Adverbs

| Ad-Av | | (他)很(早起床) (tā) hěn (zǎo qǐchuáng) ((He got up) very (early))
(他听)不(懂话). (tā tīng) bù (dǒng huà) (He hears the saying and not understand.) |
|---|---|---|
| Pro-Ad-Av | Referential | (他)这么(早起床) (Tā) zhème (zǎo qǐchuáng) ((He got up) so (early)) |
| | Interrogative | (他)多(早起床)? (Tā) duō (zao qǐchuáng)? (How (early did he get up?)) |

5. Conjunctions

Conjunctions, which connect the word, phrase, sentence, include the following.

Chinese Syntax Tree Diagram

FIGURE 10. Chinese Conjunctions

和 hé	and	我和他 wǒ hé tā (I and he)
或者 huòzhě	or	中午或者下午 zhōngwǔ huòzhě xiàwǔ (noon or afternoon)
因为 yīnwèi	because	因为没什么时间 yīnwèi méishénme shíjiān (Because there was no time)
所以 suǒyǐ	and so	很热，所以请小心. hěn rè, suǒyǐ qǐng xiǎoxīn (Very hot, so please be careful.)
那么 nàme	then	那么，晚安. nàme, wǎn'ān (Then, good night.)
但是 dànshì	but	想约会但是没钱. xiǎng yuēhuì dànshì méi qián (I want to date but I have no money.)
如果 rúguǒ	if	如果明天下雨 rúguǒ míngtiān xià yǔ (If it rains tomorrow)
即使 jíshǐ	even if	即使那个实现了 jíshǐ nàgè shíxiànle (Even if that is achieved)

The conjunction 和 hé (and) links nouns and phrases but not sentences.

(265) 我们 17 号和 18 号休息. wǒmen shíqī hào hé shíbā hào xiūxí (We rest on the 17th and 18th.)
```
 ┌─ S 我们 wǒmen (we)
 ├─(Av-T) 17 号 shíqī hào (17th) 和 hé (and) 18 号 shíbā hào (18th)
 └─ V 休息 xiūxí (rest)
```

(266) 全球性的问题是和平和经济. quánqiú xìng de wèntí shì hépíng hé jīngjì (The global problem is peace and the economy.)
```
       ┌─(Aj-P) 全球性 quánqiú xìng (glorbal) 的 de (adjective marker)
 ┌─ S 问题 wèntí (problem)
 ├─ V 是 shì (be)
 └─ C 和平 hépíng (peace) 和 hé (and) 经济 jīngjì (economy)
```

(267) 他比谁都坚定和顽强. tā bǐ shéi dōu jiāndìng hé wánqiáng (He is stronger and tenacious than anyone else.)
```
 ┌─ S 他 tā (he)
 ├─(Av-Ql) ┌─ V 比 bǐ (compare)
 │        └─ O 谁 shéi (any one)
 ├─(Av-Qt) 都 dōu (all)
 └─ V 坚定 jiāndìng (be strong) 和 hé (and) 顽强 wánqiáng (be tenacious)
```

The 或者 huòzhě (or) is a selective conjunction.

(268) 我今天或者明天去北京. wǒ jīntiān huòzhě míngtiān qù běijīng (I will go to Beijing today or tomorrow.)
```
 ┌─ S 我 wǒ (I)
 ├─(Av-T) 今天 jīntiān (today) 或者 huòzhě (or) 明天 míngtiān (tomorrow)
 ├─ V 去 qù (go)
 └─(Av-P) 北京 běijīng (Beijing)
```

(269) 或者你来，或者我去，都行. huòzhě nǐ lái, huòzhě wǒ qù, dōu xíng (Or you come, or I will go, either will do.)
```
┌─ S 或者 huòzhě (or) ┌─ S 你 nǐ (you)
│                     └─ V 来 lái (come)
│   或者 huòzhě (or) ┌─ S 我 wǒ (I)
│                     └─ V 去 qù (go)
├─(Av-Qt) 都 dōu (all)
└─ V 行 xíng (do)
```

(270) 我也喜欢乘电车或者巴士去旅行. wǒ yě xǐhuān chéng diànchē huòzhě bāshì qù lǚxíng (I also like to travel by tram or bus.)
```
┌─ S 我 wǒ (I)
├─(Av-Qt) 也 yě (also)
├─ V 喜欢 xǐhuān (like)
│        ┌─(Av-Ql) V 乘 chéng (ride)
│        │        └─(Av-P) 电车 diànchē (tram) 或者 huòzhě (or) 巴士 bāshì (bus)
└─ O< V 去 qù (go)
         └─(Av-Ql) 旅行 lǚxíng (travel)
```

The 因为 yīnwèi leads the cause (271, 272) or the purpose (273, 274).

(271) 他因为睡眠不足所以特别疲倦. tā yīnwèi shuìmián bùzú suǒyǐ tèbié píjuàn (He is particularly tired because of a lack of sleep.)
```
┌─ S 他 tā (he)
├─(Av-Ql) 因为 yīnwèi (because) ┌─ S 睡眠 shuìmián (sleep)
│                                └─ V 不足 bùzú (be insufficient) 所以 suǒyǐ (therefore)
├─(Av-Ql) 特别 tèbié (particular)
└─ V 疲倦 píjuàn (be tired)
```

(272) 因为工作忙，我已经几个月没看电影了. yīnwèi gōngzuò máng, wǒ yǐjīng jǐ gè yuè méi kàn diànyǐngle (I haven't watched movies for a few months because of my busy work.)
```
┌─(Av-Ql) 因为 yīnwèi (because) ┌─ S 工作 gōngzuò (work)
│                                └─ V 忙 máng (be busy)
├─ S 我 wǒ (I)
├─(Av-T) 已经 yǐjīng (already)
├─(Av-T) 几个月 jǐ gè yuè (a few months)
├─(Av-Qt) 没 méi (not)
├─ V 看 kàn (watch)
├─ O 电影 diànyǐng (movie)
└─(Av-Ql) 了 le (perfection particle)
```

(273) 他因为手术住院了. tā yīnwèi shǒushù zhùyuànle (He was hospitalized for surgery.)
```
┌─ S 他 tā (he)
├─(Av-Ql) 因为 yīnwèi (because) 手术 shǒushù (surgery)
├─ V 住院 zhùyuàn (be in hospital)
└─(Av-Ql) 了 le (perfection particle)
```

Chinese Syntax Tree Diagram

(274) 他们因为要搭电车去，所以要去车站. tāmen yīnwèi yào dā diànchē qù, suǒyǐ yào qù chēzhàn (They have to go to the station to take the tram.)

```
┌─ S 他们 tāmen (they)
│ ┌(Av-Ql) 因为 yīnwèi (because) ┌ S (他们 tāmen (they))
│ │                              ├ V 要 yào (need)
│ │                              │        ┌(Av-Ql) ┌ V 搭 dā (take)
│ │                              │        │        └ O 电车 diànchē (tram)
│ │                              └ O<V 去 qù (go) 所以 suǒyǐ (therefore)
├─ V 要 yào (need)
└─ O<V 去 qù (go)
         └(Av-Ql) 车站 chēzhàn (station)
```

The conjunction 所以 suǒyǐ (therefore) is sometimes redundantly used with 因为 yīnwèi (because) as in (274, 276, 277).

(275) 汤很热，所以请小心. tāng hěn rè, suǒyǐ qǐng xiǎoxīn (The soup is very hot, so please be careful.)

```
            ┌─ S 汤 tāng (soup)
            │ ┌(Av-Qt) 很 hěn (very)
┌(Av-Ql) ───┴─ V 热 rè (be hot) 所以 suǒyǐ (therefore)
├ S (我 wǒ (I))
├ V 请 qǐng (ask)
├ I (你 nǐ (you))
└ O 小心 xiǎoxīn (beware)
```

(276) 因为我很困，所以这就去睡觉. yīnwèi wǒ hěn kùn, suǒyǐ zhè jiù qù shuìjiào (Because I am very sleepy, so go to sleep.)

```
   ┌(Av-Ql) 因为 yīnwèi (because) ┌ S (我 wǒ (I))
   │                              │ ┌(Av-Qt) 很 hěn (very)
   │                              └ V 困 kùn (be sleepy) 所以 suǒyǐ (therefore)
┌─ S (我 wǒ (I))
│  ┌(Pro-Aj) 这 zhè (this)
├(Av-T) 就 jiù (right away)
├ V 去 qù (go)
└(Av-Ql) ┌ V 睡 shuì (sleep)
         └ O 觉 jiào (sleep)
```

(277) 因为你在加油，所以我也要加油. yīnwèi nǐ zài jiāyóu, suǒyǐ wǒ yě yào jiāyóu (Because you are doing your best, I have to do my best, too.)

```
   ┌(Av-Ql) 因为 yīnwèi (because) ┌ S 你 nǐ (you)
   │                              ├ V 在 zài (be)
   │                              └(Av-Ql) ┌ V 加 jiā (add)
   │                                       └ O 油 yóu (oil) 所以 suǒyǐ (therefore)
┌─ S 我 wǒ (I)
├(Av-Ql) 也 yě (also)
├ V 要 yào (need)
└ O ┌ V 加 jiā (add)
    └ O 油 yóu (oil)
```

The 那么 nàme (then) leads the next sentence, which may an act or a result, in the process of time.

(278) 那么,请服用这个感冒药. nàme, qǐng fúyòng zhège gǎnmào yào (Understood. Then, please take this cold medicine.)
- (Av-Ql) 那么 nàme (then)
- S (我 wǒ (I))
- V 请 qǐng (ask)
- I (你 nǐ (you))
- O ┌ S (你 nǐ (you))
  - V 服用 fúyòng (take)
    - (Pro-Aj) 这个 zhège (this)
    - (Aj-Ql) 感冒 gǎnmào (cold)
  - O 药 yóu (medicine)

(279) 那么,请告诉我紧接着的最新情况. nàme, qǐng gàosù wǒ jǐn jiēzhe de zuìxīn qíngkuàng (Then, please tell me the latest situation.)
- (Av-Ql) 那么 nàme (then)
- S (我 wǒ (I))
- V 请 qǐng (ask)
- I (你 nǐ (you))
- O ┌ S (你 nǐ (you))
  - V 告诉 gàosù (tell)
  - I 我 wǒ (I)
    - (Aj-Ql) 紧接着 jǐn jiēzhe (this) 的 de (adjective marker)
    - (Aj-Ql) 最新 zuìxīn (latest)
  - O 情况 qíngkuàng (situation)

(280) 那么,我就告辞了. nàme, wǒ jiù gàocíle (Then, I will leave.)
- (Av-Ql) 那么 nàme (then)
- S 我 wǒ (I)
  - (Aj-Ql) 就 jiù (right away)
- V 告 gào (tell)
- O 辞 cí (message)
- (Av-Ql) 了 le (perfection particle)

The adversative conjunction 但是 dànshì (but) is before the adversative sentence to the former mostly in combination with the also adversative conjunction 虽然 suīrán (although).

(281) 那个虽然难但是有意思. nàgè suīrán nán dànshì yǒuyìsi (It is difficult but interesting.)
- S 那个 nàgè (that)
- (Av-Ql) 虽然 suīrán (although) ┌ S (那个 nàgè (that))
  - V 难 nán (be difficult) 但是 dànshì (but)
- V 有 (yǒu)
- O 意思 yìsi (interest)

(282) 我工作虽然很忙,但是很健康. wǒ gōngzuò suīrán hěn máng, dànshì hěn jiànkāng (Although my work is very busy, I'm very healthy.)
- S 我 wǒ (I)
- (Av-Ql) 虽然 suīrán (although) ┌ S 工作 gōngzuò (that)
  - (Av-Ql) 虽然 suīrán (although)
  - (Av-Qt) 很 hěn (very)
  - V 难 nán (be difficult) 但是 dànshì (but)
- (Av-Qt) 很 hěn (very)
- V 健康 jiànkāng (be healthy)

Chinese Syntax Tree Diagram

(283) 虽然要麻烦您，但是拜托了. suīrán yào máfan nín, dànshì bàituōle (Although it will bother you, please.)

```
├─ S (我 wǒ (I))
├─(Av-Ql) 虽然 suīrán (although) ┬ S (我 wǒ (I))
│                                ├ V 要 yào (need)
│                                └ O ┬ S (我 wǒ (I))
│                                    ├ V 麻烦 máfan (bother)
│                                    └ O 您 nín (you (polite))  但是 dànshì (but)
├─ V 拜托 bàituō (request (polite))
└─(Av-Ql) 了 le (perfection particle)
```

The 如果 rúguǒ (if) is a conjunction to introduce a supposition, which may be omitted as in (287).

(284) 你如果有困难，我可以帮助你. nǐ rúguǒ yǒu kùnnan, wǒ kěyǐ bāngzhù nǐ (If you have trouble, I can help you.)

```
            ┌─ S 你 nǐ (you)
            │  ┌─(Av-Ql) 如果 rúguǒ (if)
            │  ├ V 有 yǒu (have)
   ┌(Av-Ql) └─ O 困难 kùnnan (difficulty)
   ├─ S 我 wǒ (I)
   ├─ V 可以 kěyǐ (be acceptable)
   └(Av-Ql) ┬ V 帮助 bāngzhù (help)
            └ O 你 nǐ (you)
```

(285) 如果他一定要去，那么就让他去. rúguǒ tā yīdìng yào qù, nàme jiù ràng tā qù (If he want to go, then let him go.)

```
             ┌(Av-Ql) 如果 rúguǒ (if)
             ├ S 他 tā (he)
             ├(Av-Qt) 一定 yīdìng (definitely)
             ├ V 要 yà (need)
   ┌(Av-Ql) └─ O 去 qù (go)
   ├(Av-Ql) 那么就 nàme jiù (then)
   ├ S (我 wǒ (I))
   ├ V 让 ràng (let)
   ├ I 他 tā (he)
   └ O 去 qù (go)
```

(286) 如果方便的话，我们想这个星期去拜访一下. rúguǒ fāngbiàn de huà, wǒmen xiǎng zhèige xīngqī qù bàifǎng yīxià (If it is convenient, we would like to visit this week.)

```
              ┌(Av-Ql) 如果 rúguǒ (if)
              ├─ S (这 zhè (this))
              ├ V (是 shì (be))
              │  ┌(Aj-Ql) 方便 fāngbiàn (be convenient) 的 de (adjective marker)
   ┌(Av-Ql)  └ C 话 huà (matter)
   ├ S 我们 wǒmen (we)
   ├ V 想 xiǎng (think)
   │         ┌(Pro-Aj) 这个 zhèige (this)
   │         ┌(Av-T) 星期 xīngqī (week)
   └─ O< V 去 qù (go)
           ├(Av-Ql) 拜访 bàifǎng (visit (polite))
           └(Av-T) 一下 yīxià (a moment)
```

67

(287) 我不关心你谁关心你呢？wǒ bù guānxīn nǐ shéi guānxīn nǐ ne (Who worries about you, if I do not worry about you?)

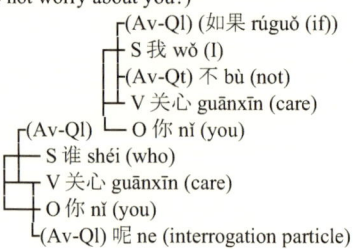

```
                    ┌(Av-Ql) (如果 rúguǒ (if))
                    ├ S 我 wǒ (I)
                    ├(Av-Qt) 不 bù (not)
                    ├ V 关心 guānxīn (care)
        ┌(Av-Ql) ── └ O 你 nǐ (you)
        ├ S 谁 shéi (who)
        ├ V 关心 guānxīn (care)
        ├ O 你 nǐ (you)
        └(Av-Ql) 呢 ne (interrogation particle)
```

The concessive conjunction 即使 jíshǐ (even if) means suppositive concession.

(288) 谢谢您即使是休息日也进行了处理. xièxiè nín jíshǐ shì xiūxí rì yě jìnxíngle chǔlǐ (Thank you for your correspondence despite it being a holiday.)

```
        ┌ S (我 wǒ (I))
        ├ V 谢谢 xièxiè (thank thank)
        ├ O 您 nín (you (polite))
        │                  ┌(Av-Ql) 即使 jíshǐ (even if)
        │                  ├ S (今天 jīntiān (today))
        │                  ├ V 是 shì (be)
        │        ┌(Av-Ql) ─└ C 休息日 xiūxí rì (holiday)
        │        ├ S (您 nín (you (polite)))
        │        ├(Av-Ql) 也 yě (also)
        │        ├ V 进行 xiǎng (promote)
        │        ├(Av-Ql) 了 le (perfection particle)
        └(Av-Ql) └ O 处理 chǔlǐ (process)
```

(289) 即使安全得到了确认，那个装置不一定运作. jíshǐ ānquán dédàole quèrèn, nàgè zhuāngzhì bù yīdìng yùnzuò (Even if security is confirmed, we do not necessarily work that device.)

```
                    ┌(Av-Ql) 即使 jíshǐ (even if)
                    ├ S 安全 ānquán (be safe)
                    ├ V 得 dé (get)
                    ├(Av-Ql) 到 dào (reach)
                    ├(Av-Ql) 了 le (perfection particle)
        ┌(Av-Ql) ── └ O 确认 quèrèn (confirm)
        │   ┌(Pro-Aj) 那个 nàgè (that)
        ├ O 装置 zhuāngzhì (device)
        ├ S (我们 wǒmen (we))
        ├(Av-Qt) 不 bù (not)
        ├(Av-Ql) 一定 yīdìng (necessarily)
        └ V 运作 yùnzuò (work)
```

Chinese Syntax Tree Diagram

(290) 即使多么险峻的路，也绝对不会放弃. jíshǐ duōme xiǎnjùn de lù, yě juéduì bù huì fàngqì (Even if it is a steep road, it will never give up.)

```
           ┌(Av-Ql) 即使 jíshǐ (even if)
           ├─ S (那 nà (that))
           └─ V (是 shì (be))
                            ┌(Pro-Av) 多么 duōme (how much)
                    ┌(Aj-Ql) 险峻 xiǎnjùn (be steep) 的 de (adjective marker)
   ┌(Av-Ql)  └ C 路 lù (road)
   ├(Av-Ql) 也 yě (also)
 ┌─ S (我 wǒ (I))
 ├(Av-Ql) 绝对 juéduì (absolutely)
 ├(Av-Qt) 不 bù (not)
 ├ V 会 huì (master)
 └ O 放弃 fàngqì (give up)
```

The selective conjunction 或者 huòzhě (or) does not appear in the selective interrogation as unmarked and needless. The same selection was seen also in the question of number 多 duō (much) or 少 shǎo (little); (168, 169).

(291) 他来不来？tā lái bu lái (Does he come (or not)?)
```
 ┌ S 他 tā (he)
 └ V 来 lái (come) 不来 bu lái (not come)
```

(292) 这个菜辣不辣？zhèige cài là bu là (Is this dish hot (or not)?)
```
        ┌(Pro-Aj) 这个 zhèige (this)
 ┌ S 菜 cài (dish)
 └ V 辣 là (be pungent) 不辣 bu là (not be pungent)
```

(293) 能不能安静点儿？néng bu néng ānjìng diǎnr (Can you be quiet (or not)?)
```
 ┌ S (您 nín (you (polite))
 ├ V 能 néng (be able) 不能 bu néng (not be able)
 └ O<V 安静 ānjìng (be quiet)
         └(Av-Qt) 点儿 diǎnr (a little)
```

IV. Variation of the Basic Structure

1. Change of the Word Order

Excluding the colloquial inversion, the Chinese word order is hard to change. However, we can recognize some changes; the subject after the verb, the direct and indirect objects before the verb with a marker and the topicalized element before the subject.

FIGURE 11. Change of the Word Order

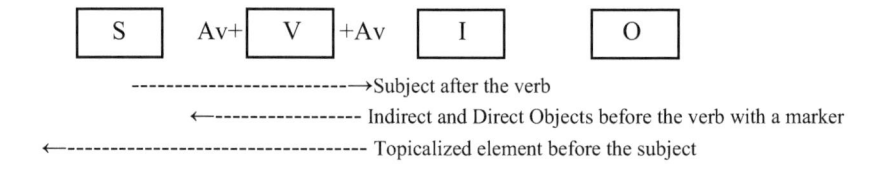

```
  S      Av+ | V | +Av     I            O
       ------------------→ Subject after the verb
                    ←------------- Indirect and Direct Objects before the verb with a marker
  ←------------------------------- Topicalized element before the subject
```

1. 1. Subjects

Chinese subject is hardly after the verb not only in the interrogative sentence as in (126) also even in the long subject sentence as in (294, 295) different from English, in which the subject is after the verb in the interrogative sentence and in the long subject sentence leaving a dummy pronoun "it" before the verb.

(294) 国家举行大规模庆祝活动的节日是国庆节. guó jiā jǔ xíng dà guī mó qìng zhù huó dòng de jié rì shì guó qìng jié (The public holiday to hold a large-scale celebration is the National Day.)

- S 国家 guó jiā (nation)
- V 举行 jǔ xíng (hold)
  - (Aj-Ql) 大规模 dà guī mó (large-scale)
  - (Aj-Ql) 庆祝 qìng zhù (celebrate)
- (Aj-Ql) O 活动 zuì hòu (activity) 的 de (adjective marker)
- S 节日 jié rì (public holiday)
- V 是 shì (be)
- C 国庆节 guó qìng jié (National Day)

Chinese Syntax Tree Diagram

(295) 你把问题说清楚就行了. nǐ bǎ wèntí shuō qīngchǔ jiùxíngle (It will be fine if you make the problem clear.)
```
       ┌─ S 你 nǐ (you)
       │       ┌(Aj-Ql) 把 bǎ (direct object marker)
       ├─ O 问题 wèntí (problem)
   ┌─S ├V 说 shuō (say)
   │   └( Av-Ql) 清楚 qīngchǔ (be clear)
   │(Av-Ql) 就 jiù (ljust)
   ├─ V 行 jiùxíng (be fine)
   └(Av-Ql) 了 le (perfection particle)
```

However, the subject of the intransitive verb, which is generally before the verb (296), may be after the verb (297-300).

As we have seen in I., while the subject and the direct object of the intransitive are identical, the reflexive direct object does not appear in many languages. But, it is also quite natural that what disappear is not the direct object but the subject because of their identity.

Formal grammarians regard even this kind of VS sentence as VO with "agent direct object", as the noun is after he verb. However, it is not the direct object but the subject based on its meaning.

(296) 雨下得大. yǔ xià de hěn dà (It rained a lot.)
```
   ┌─ S 雨 yǔ (rain)
   ├─ V 下 xià (fall)
   │                    ┌(Av-Qt) 很 hěn (very)
   └(Av-Ql) 得 de (adverb marker) 大 dà (much)
```

(297) 下雨了. xià yǔ le (It's raining.)
```
   ┌─ V 下 xià (descend)
   ├─ S 雨 yǔ (rain)
   └(Av-Ql) 了 le (perfection particle)
```

(298) 前面来了一个人. qiánmiàn lái le yīgè rén (There came a person in front.)
```
   ┌(Av-P) 前面 qiánmiàn (front)
   ├─ V 来 lái (come)
   │  └(Av-Ql) 了 le (perfection particle)
   │     ┌(Aj-Qt) 一个 yīgè (one)
   └─ S 人 rén (person)
```

(299) 小阴沟里翻船. xiǎoyīngōuli fān chuán (A ship overturned in a small culvert.)
```
   ┌(Av-P) 小阴沟 xiǎo yīngōu (small culvert)里 li (inside)
   ├V 翻 fān (overturn)
   └─ S 船 chuán (ship)
```

(300) 很久以前, 在某个地方住着三只小猪. hěnjiǔ yǐqián, zài mǒu gè dìfāng zhù zháo sān zhī xiǎo zhū (Once upon a time there lived three little pigs somewhere.)
```
      ┌(Av-T) 很久 hěnjiǔ (very long) 以前 yǐqián (ago)
      ├(Av-P) V 在 zài
      │               ┌(Aj-Ql) 某个 mǒu gè (some)
      │               └(Av-P) 地方 dìfāng (place)
  ┌───┼ V 住 zhù (live)
  │   └(Av-Ql) 着 zhe (continuattion particle)
  │       ┌(Aj-Qt) 三只 sān zhī (three)
  │       ├(Aj-Ql) 小 xiǎo (little)
  └── S 猪 zhū (pig)
```

The similar structure OVS is found also in the transitive sentence, in which the direct object is a place. It is by passive in English the topicalization to change the word order as we see in the translation.

(301) 门口围着一群人. ménkǒu wéizhe yīqún rén. (The doorway is surrounded by a group of people.)
```
  ┌ O 门口 ménkǒu (doorway)
  ├ V 围 wéi (surround)
  ├(Av-Ql) 着 zhe (continuattion particle)
  │   ┌(Aj-Qt) 一群 yīqún (a group)
  └ S 人 rén (man)
```

(302) 身上淋了雨. shēnshang línle yǔ (The rain wets the body.)
```
  ┌ O 身上 shēnshang (body)
  ├ V 淋 lín (wet)
  ├(Av-Ql) 了 le (perfection particle)
  └ S 雨 yǔ (rain)
```

(303) 操场上围了一圈儿人. cāochǎng chǎng shàng wéile yī quān er quānr rén (The playground chǎng was surrounded by a circle of people.)
```
  ┌ O 操场上 cāochǎng chǎng shàng (playground)
  ├ V 围 wéi (surround)
  ├(Av-Ql) 了 le (perfection particle)
  │   ┌(Aj-Qt) 一圈儿 quān er quānr (a circle)
  └ S 人 rén (man)
```

The subject clause is sometimes before the the verb 是 shì (be) and its simple complement noun as in (304) and other times, after the verb without the dummy subject to keep the head order of subject "it" (305-07).

(304) 头脑很好的绝对是他. tóunǎo hěn hǎo de juéduì shì tā (It is absolutely he whose mind is very good.)
```
              ┌ S 头脑 tóunǎo (mind)
              ├(Av-Qt) 很 hěn (very> predicate maker)
      ┌(Aj-Ql)├ V 好 hǎo (be good) 的 de (adjective marker)
  ┌── S (人 rén (person))
  ├(Av-Ql) 绝对 juéduì (absolutely)
  ├ V 是 shì (be)
  └ C 他 tā (he)
```

72

Chinese Syntax Tree Diagram

(305) 是你说的哟. shì nǐ shuō de yō (It's you who said it.)
```
┌─ V 是 shì (be)
├─ C 你 nǐ (you)
│              ┌─(Aj-Ql) 说 shuō (say) 的 de (adjective marker)
├─ S (人 rén (person))
└─(Av-Ql) 哟 yō (exclamation particle)
```

(306) 是他促成了这件事. shì tā cùchéngle zhè jiàn shì (It was he who contributed to this.)
```
┌─ V 是 shì (be)
├─ C 他 tā (he)
│           ┌─ V 促成 cùchéng (contribute)
│           └─(Av-Qt) 了 le (perfection particle)
│                    ┌─(Pro-Aj) 这件 zhè jiàn (this)
│        ┌─(Aj-Ql) └─ O 事 shì (matter) (的 de (adjective marker))
└─ S (人 rén (person))
```

(307) 是他主动向我提出建议的. shì tā zhǔdòng xiàng wǒ tíchū jiànyì de (It was he who took the initiative in proposing to me.)
```
┌─ V 是 shì (be)
├─ C 他 tā (he)
│           ┌─(Av-Ql) 主动 zhǔdòng (take the initiative)
│           │  ┌─(Aj-Ql) 向 xiàng (indirect object marker)
│           ├─ I 我 wǒ (I)
│           └─ V 提出 tíchū (submit)
│        ┌─(Aj-Ql) └─ O 建议 jiànyì (proposal) 的 de (adjective marker)
└─ S (人 rén (person))
```

In comparison with (308), the structure of (309) may be as follows. The subject is after the verb rather because of the concern to the hearer than its length considering the frequent long subject before the verb such as in (294).

(308) 这件事有劳您了. zhè jiàn shì yǒuláo nínle (I'm sorry to trouble you.)
```
              ┌─(Pro-Aj) 这件 zhè jiàn (this)
    ┌─ S 事 shì (matter)
    ├─ V 有劳 yǒuláo (trouble)
    ├─ O 您 nín (you (polite))
    └─(Av-Ql) 了 le (perfection particle)
```

(309) 有劳您把这封信交给您姐姐 yǒuláo nín bǎ zhè fēng xìn jiāo gěi nín jiějiě (This matter has worked for you, give this letter to your sister.)(I am sorry to trouble you in this matter.)
```
┌─ V 有劳 yǒuláo (trouble)
├─ O 您 nín (you (polite))
│        ┌─(Aj-Ql) 把 bǎ (direct object marker)
│        │  ┌─(Pro-Aj) 这封 zhè fēng (this envelope)
└─ S ┌─ O 信 xìn (letter)
     │  ┌─ V 交 jiāo (pass)
     │  └─(Av-Ql) 给 gěi (give)
     │        ┌─(Pro-Aj) 您 nín (you (polite))
     └─ S 姐姐 jiějiě (older sister)
```

1. 2. Direct Objects

The direct object of the indefinite pronoun precedes the verb in the negative sentence.

(310) 我谁也不相信了. wǒ shéi yě bù xiāngxìnle (I don't believe anyone.)
- S 我 wǒ (I)
- O 谁 shéi (anyone)
- (Av-Ql) 也 yě (also)
- (Av-Qt) 不 bù (not)
- V 相信 xiāngxìn (believe)
- (Av-Ql) 了 le (perfection particle)

(311) 他今晚谁也不见吧. tā jīn wǎn shéi yě bùjiàn ba (He doesn't see anyone tonight.)
- S 他 tā (he)
- (Av-T) 今晚 jīn wǎn (tonight)
- O 谁 shéi (anyone)
- (Av-Ql) 也 yě (also)
- (Av-Qt) 不 bù (not)
- V 见 jiàn (see)
- (Av-Ql) 吧 ba (supposition particle)

The direct object may precede the verb with the direct object marker 把 bǎ (<V grasp), which makes explicit that the direct object is the target of the change expressed by the verb. The direct object before the verb should be defined in the context, therefore, for example, 一部智能手机 yī bù zhìnéng shǒujī (one smartphone) cannot substitute the 新买的智能手机 xīn mǎi de zhìnéng shǒujī nòng (newly bought smartphone) with 把 bǎ in (312). Focusing on the target, the verb should explain the result of the change with modifiers such as 弄坏了 nòng huàile (get-spoil-perfect particle). Because of the close relation between the verb and the target, the negative adverb should be before the direct object with 把 bǎ (313). As the direct object of the verbs such as 有 yǒu (have), 知道 zhīdào (know) does not change itself and is not the target of the change, it does not precede the verb with 把 bǎ.

In essence, the direct object with the marker is the qualifier adverb before the verb, then, 把新买的智能手机 bǎ xīn mǎi de zhìnéng shǒujī in (312) means (grasping the newly bought smartphone).

(312) 我把新买的智能手机弄坏了. wǒ bǎ xīn mǎi de zhìnéng shǒujīnòng huàile (I broke the newly bought smartphone.)
- S 我 wǒ (I)
- (Aj-Ql) 把 bǎ (direct object marker)
- (Aj-Ql) V 买 mǎi (buy) 的 de (adjective marker)
  - (Av-Ql) 新 xīn (new)
- O 智能手机 zhìnéng shǒujī (smartphone)
- V 弄 nòng (get)
- (Av-Ql) 坏 huài (spoil)
- (Av-Ql) 了 le (perfection particle)

Chinese Syntax Tree Diagram

(313) 我不把这个消息告诉了老王. wǒ bù bǎ zhège xiāoxī gàosù le lǎo wáng (I did not tell the news to Mr. Wang.)

```
┌─ S 我 wǒ (I)
├─(Av-Qt) 不 bù (not)
│   ┌─(Aj-Ql) 把 bǎ (direct object marker)
│   ├─(Aj-Ql) 这个 zhège (this)
├─ O 消息 xiāoxī (news)
├─ V 告诉 gàosù (lose)
├─(Av-Ql) 了 le (perfection particle)
│   ┌─(Aj-Ql) 老 lǎo (old)
└─ I 王 wáng (Wang)
```

The presence of the direct object marker distinguishes the passive, which is intransitive, and the transitive in (314) and (315).

(314) 旧房子都拆了. jiù fángzi dōu chāile (The old house was demolished.)

```
    ┌─(Aj-Ql) 旧 jiù (old)
┌─ S 房子 fángzi (house)
├─(Av-Qt) 都 dōu (all)
├─ V 拆 chāi (be demolished)
└─(Av-Ql) 了 le (perfection particle)
```

(315) 把旧房子都拆了. bǎ jiù fángzi dōu chāile. ((They) demolished the old house.)

```
┌─ S (他们 tāmen (they))
│   ┌─(Aj-Ql) 把 bǎ (direct object marker)
│   ├─(Aj-Ql) 旧 jiù (old)
├─ O 房子 fángzi (house)
├─(Av-Qt) 都 dōu (all)
├─ V 拆 chāi (demolish)
└─(Av-Ql) 了 le (perfection particle)
```

1. 3. Indirect Objects

The direct object of the indefinite pronoun, as well as the direct object, precedes the verb in the negative sentence.

(316) 我谁也不给！wǒ shéi yě bù gěi (I don't give it to anyone!)

```
┌─ S 我 wǒ (I)
├─ I 谁 shéi (anyone)
├─(Av-Ql) 也 yě (also)
├─(Av-Qt) 不 bù (not)
└─ V 给 gěi (give)
```

(317) 我谁也不为. wǒ shéi yě bù wéi (I don't do that for anyone else.)

```
┌─ S 我 wǒ (I)
├─ I 谁 shéi (anyone)
├─(Av-Ql) 也 yě (also)
├─(Av-Qt) 不 bù (not)
└─ V 为 wéi (do)
```

The indirect object before the verb is with indirect object marker, which varies depending on the kind of the third person's interest.

The indirect object marker 给 gěi (<V give) means the plus benefit of the third person in (318-20) or his disadvantage or minus benefit in (321). The negative adverb 不 bù (not) before the indirect object, in the same way as the direct object, shows the close relation between the indirect object and the verb or change (320). Both the direct and indirect objects may be before the verb with the markers as in (321, 322).

Also the indirect object with the marker is essentially the qualifier adverb before the verb the same as the agent of the passive with the seeming agent marker corresponding to English "by"; (193-96). Therefore, fore example 给我 gěi wǒ in (318) means "benefitting me" as a qualifier adverb before the verb.

(318) 你给我滚！nǐ gěi wǒ gǔn (Get out of here for me!)
- S 你 nǐ (you)
  - (Aj-Ql) 给 gěi (indirect object marker)
- I 我 wǒ (I)
- V 滚 gǔn (roll)

(319) 老师给我们介绍了一些中国的情况. lǎoshī gěi wǒmen jièshào le yīxiē zhōngguó de qíngkuàng (The teacher introduced us to some Chinese situations.)
- S 老师 lǎoshī (teacher)
  - (Aj-Ql) 给 gěi (indirect object marker)
- I 我们 wǒmen (we)
- V 介绍 jièshào (introduce)
  - (Av-Ql) 了 le (perfection particle)
  - (Aj-Qt) 一些 yīxiē (some)
  - (Aj-Ql) 中国 zhōngguó (China) 的 de (adjective marker)
- O 情况 qíngkuàng (situation)

(320) 我不给他打电话. wǒ bù gěi tā dǎ diànhuà (I do not call him.)
- S 我 wǒ (I)
  - (Av-Qt) 不 bù (not)
    - (Aj-Ql) 给 gěi (indirect object marker)
- I 他 tā (he)
- V 打 dǎ (hit)
- O 电话 diànhuà (telephone)

(321) 他把杯子给你打破了. tā bǎ bēizi gěi nǐ dǎpò le. (He broke you the cup.)
- S 他 tā (he)
  - (Aj-Ql) 把 bǎ (direct object marker)
- O 杯子 bēizi (cup)
  - (Aj-Ql) 给 gěi (indirect object marker)
- I 你 nǐ (you)
- V 打破 dǎpò (introduce)
  - (Av-Ql) 了 le (perfection particle)

Chinese Syntax Tree Diagram

(322) 请把那本书的内容给大家介绍介绍. qǐng bǎ nà běn shū de nèiróng gěi dàjiā jièshào jièshào (Please introduce the contents of the book to everyone.)

```
┌ S(我 wǒ (I))
├ V 请 qǐng (ask)
├ I (你 nǐ (you))
└ O ┌S (你 nǐ (you))
     │   ┌(Aj-Ql) 把 bǎ (direct object marker)
     │   │    ┌(Pro-Aj) 那本 nà běn (this copy)
     │   └(Aj-Ql) 书 shū (book) 的 de (adjective marker)
     ├ O 内容 nèiróng (contents)
     │   ┌(Aj-Ql) 给 gěi (indirect object marker)
     ├ I 大家 dàjiā (everyone)
     └ V 介绍介绍 jièshào jièshào (introduce a little)
```

The benefit of the third person is expressed also with 为 wéi derived from the verb "serve as" in (323) and (324), in which the indirect object "book" is personified.

(323) 我们要为人民服务. wǒmen yào wéi rénmín fúwù (We have to serve the people.)

```
┌ S 我们 wǒmen (we)
├ V 要 yào (need)
└ O ┌ S (我们 wǒmen (we))
     │   ┌(Aj-Ql) 为 wéi (indirect object marker)
     ├ I 人民 rénmín (people)
     └ V 服务 fúwù (serve)
```

(324) 他为这本书写了一篇序. tā wèi zhè běn shū xiěle yī piān xù (He wrote a preface for this book.)

```
┌ S 他 tā (he)
│   ┌(Aj-Ql) 为 wéi (indirect object marker)
│   └(Pro-Aj) 这本 zhè běn (this copy)
├ I 书 shū (book)
├ V 写 xiě (book)
└(Av-Ql) 了 le (perfection particle)
     ┌(Aj-Qt) 一篇 yī piān (one piece)
└ O 序 xù (preface)
```

When the substitution of the subject for the indirect object causes some benefit, the indirect object before the verb is lead by 替 tì (<V substitute).

(325) 我替你找到了这份材料. wǒ tì nǐ zhǎodàole zhè fèn cáiliào (I found this material for you.)

```
┌ S 我 wǒ (I)
│   ┌(Aj-Ql) 替 tì (indirect object marker)
├ I 你 nǐ (you)
├ V 找 zhǎo (look for)
├(Av-Ql) 到 dào (reach)
└(Av-Ql) 了 le (perfection particle)
     ┌(Pro-Aj) 这份 zhè fèn (this piece)
└ O 材料 cáiliào (material)
```

(326) 她们在国际比赛中替祖国争得了荣誉. tāmen zài guójì bǐsài zhōng tì zǔguó zhēng déliǎo róngyù (They won honors for the motherland in international competitions.)
```
┌── S 她们 tāmen (Pl. of she)
├┌(Av-P) V 在 zài (be)
│└(Av-P)国际比赛 guójì bǐsài (international competition) 中 zhōng (inside)
│ ┌(Aj-Ql) 替 tì (indirect object marker)
├─ I 祖国 zǔguó (motherland)
├┬ V 争 zhēng (struggle)
│├(Av-Ql) 得 dé (get)
│└(Av-Ql) 了 liǎo (perfection particle)
└── O 荣誉 róngyù (honor)
```

The indirect object with the marker 向 xiàng (<V turn toward) indicates the direction to which the direct object goes. In (327) the direct object or the question asking "Mr. Zhang's address" goes to the indirect object "he". On the other hand, in (328) the direct object "a novel" comes from the indirect object "teacher".

(327) 你向他打听张先生的住址 nǐ xiàng tā dǎtīng zhāng xiānsheng de zhùzhǐ (You ask him Mr. Zhang's address.)
```
┌ S 你 nǐ (you)
│ ┌(Aj-Ql) 向 xiàng (indirect object marker)
├ I 他 tā (he)
├ V 打听 dǎtīng (ask)
│ ┌(Aj-Ql) 张 zhāng (Zhang)
│ ┌(Aj-Ql) 先生 xiānsheng (mister) 的 de (adjective marker)
└ O 住址 zhùzhǐ (address)
```

(328) 昨天我向老师借了一本小说. zuótiān wǒ xiàng lǎoshī jièle yī běn xiǎoshuō. (I borrowed the teacher a novel yesterday.)
```
┌(Av-T) 昨天 zuótiān (yesterday)
├── S 我 wǒ (I)
│ ┌(Aj-Ql) 向 xiàng (indirect object marker)
├── I 老师 lǎoshī (teacher)
├┬ V 借 jiè (borrow)
│└(Av-Ql) 了 le (perfection particle)
│ ┌(Aj-Qt) 一本 yī běn (one copy)
└── O 小说 xiǎoshuō (novel)
```

The indirect object marker 对 duì (<V face) is more static than 向 xiàng (<V turn toward). While 向 xiàng expresses that the direct object goes to or comes from the indirect object, 对 duì expresses that the subject faces the indirect object.

(329) 他对人很热情. tā duì rén hěn rèqíng (He is very kind to people.)
```
┌ S 他 tā (he)
│ ┌(Aj-Ql) 对 duì (indirect object marker)
├ I 人 rén (people)
│ ┌(Av-Qt) 很 hěn (very)
└ V 热情 rèqíng (be kind)
```

Chinese Syntax Tree Diagram

(330) 他对你说了些什么？tā duì nǐ shuōle xiē shénme (What did he say to you?)
```
┌─ S 他 tā (he)
│    ┌(Aj-Ql) 对 duì (indirect object marker)
├─ I 你 nǐ (you)
├┬ V 说 shuō (say)
│└(Av-Ql) 了 le (perfection particle)
│    ┌(Aj-Qt) 些 xiē (some)
└─ O 什么 shénme (what)
```

(331) 他的报告对我们很有帮助.tā de bàogào duì wǒmen hěn yǒu bāngzhù (His report is very helpful to us.)
```
      ┌(Pro-Aj) 他 tā (he) 的 de (adjective marker)
┌─ S 报告 bàogào (report)
│    ┌(Aj-Ql) 对 duì (indirect object marker)
├─ I 我们 wǒmen (people)
├(Av-Qt) 很 hěn (very)
├─ V 有 yǒu (have)
└─ O 帮助 bāngzhù (help)
```

The indirect object with the marker 跟 gēn (<V follow) is a companion of the subject, to which approaches the direct object 话 huà (saying) in (332) and, from which separates the direct object 一百块 le yībǎi kuài (a hundred yuan) in (333).

(332) 她跟我搭话了. tā gēn wǒ dāhuàle (She talked to me.)
```
┌─ S 她 tā (she)
│    ┌(Aj-Ql) 跟 gēn (indirect object marker)
├─ I 我 wǒ (I)
├┬ V 搭 dā (build)
│└ O 话 huà (word)
└(Av-Ql) 了 le (perfection particle)
```

(333) 我跟他借了一百块. wǒ gēn tā jiè le yībǎi kuài (I borrowed a hundred yuan from him.)
```
┌─ S 我 wǒ (I)
│    ┌(Aj-Ql) 跟 gēn (indirect object marker)
├─ I 他 tā (he)
├┬ V 借 jiè (borrow)
│└(Av-Ql) 了 le (perfection particle)
│    ┌(Aj-Qt) 一百 yībǎi (a hundred)
└─ O 块 kuài (yuan)
```

1. 4. Verbs

The negated verb 没有 méiyǒu (not have) in (334) may be at the end of the interrogative sentence (335-37).

(334) 衣服没有干了. yīfú méiyǒu gànle (Clothes are not dry)
```
┌─ S 衣服 yīfú (clothe)
│┌(Av-Qt) 没 méi (not)
├┴ V 有 yǒu (have)
└─ O< V 干 gàn (dry)
         └(Av-Ql) 了 le (perfection particle)
```

(335) 衣服干了没有？Yīfú gànle méiyǒu (Did the clothes dry?)
- S 衣服 yīfú (clothe)
- O< V 干 gàn (dry)
  - (Av-Ql) 了 le (perfection particle)
- (Av-Qt) 没 méi (not)
- V 有 yǒu (have)

(336) 工作找着了没有? gōngzuò zhǎozhe le méiyou (Did you find a job?)
- S (你 nǐ (you))
- O ─ S (你 nǐ (you))
  - O 工作 gōngzuò (job)
  - V 找 zhǎo (find)
  - (Av-Ql) 着 zhe (continuattion particle)
  - (Av-Ql) 了 le (perfection particle)
- (Av-Qt) 没 méi (not)
- V 有 yǒu (have)

(337) 吃饱了没有？chī bǎole méiyǒu (Have you eaten?)
- S (你 nǐ (you))
- O ─ S (你 nǐ (you))
  - V 吃 chī (eat)
  - (Av-Ql) 饱 bǎo (be full)
  - (Av-Ql) 了 le (perfection particle)
- (Av-Qt) 没 méi (not)
- V 有 yǒu (have)

1. 5. Topicalized Elements

The topicalized element is at the beginning of a sentence, in this sense the subject is generally topicalized in Chinese the same as in many other languages.

Therefore, we see the topicalized elements before the subject in the following.

We find the topicalization in the subject of the subordinate sentence (338, 339).

(338) 这大楼，你预计几个月可以完工？zhè dàlóu, nǐ yùjì jǐ gè yuè kěyǐ wángōng (This building, how many months do you expect to be completed?)
- S 你 nǐ (you)
  - (Pro-Aj) 这 zhè (this)
  - S 大楼 dàlóu (building)
- V 预计 yùjì (expect)
- O
  - (Pro-Aj) 几个 jǐ gè (how many)
  - (Av-Qt) 月 yuè (month)
  - V 可以 kěyǐ (be able)
  - (Av-Ql) 完工 wángōng (complete)

Chinese Syntax Tree Diagram

(339) 您先请. nín xiān qǐng (After you.)
```
┌ O ┌─ S 您 nín (you (polite))
│   ├(Av-T) 先 xiān (before)
│   └ V 去 qù (go)
├ S (我 wǒ (I))
└ V 请 qǐng (hear)
```

The direct object may be before the subject without any marker.

(340) 初级的课程我已经学完了. chūjí de kèchéng wǒ yǐjīng xué wánliǎo (I have already finished the elementary course.)
```
            ┌(Aj-Ql) 初级 chūjí 的 de (adjective marker) (elementary)
── O 课程 kèchéng (course)
── S 我 wǒ (I)
──(Av-T) 已经 yǐjīng (already)
── V 学 xué (learn)
  ├(Av-Ql) 完 wán (finish)
  └(Av-Ql) 了 liǎo (perfection particle)
```

(341) 法语我听不懂. fǎyǔ wǒ tīngbudǒng (I can't understand French.)
```
┌ O 法语 fǎyǔ (French)
├ S 我 wǒ (I)
└ V 听 tīng (hear)
        ┌(Av-Qt) 不 bu (not)
        └(Av-Ql) 懂 dǒng (understand)
```

(342) 后来大半忘却了. hòulái dàbàn wàngquèle (I've fogotton most of them (; the dreams) later.)
```
┌(Av-T) 后来 hòulái (later)
│    ┌(Aj-Ql) (梦 mèng (dream) 的 de (adjective marker))
├ O 大半 dàbàn (most)
├ S (我 wǒ (I))
├ V 忘却 wàngquè (forget)
└(Av-Ql) 了 le (perfection particle)
```

(343) 外线电话怎么打？wàixiàn diànhuà zěnme dǎ (How can I make an outside call?)
```
       ┌(Aj-Ql) 外线 wàixiàn (outside)
┌ O 电话 diànhuà (telephone)
├ S (我 wǒ (I))
├(Pro-Av) 怎么 zěnme (how)
└ V 打 dǎ (hit)
```

The direct object pronoun is before the subject in the following.

(344) 这件事我去办吧. zhè jiàn shì wǒ qù bàn ba (Let me do this.)
```
       ┌(Pro-Aj) 这件 zhè jiàn (this)
┌ O 事 shì (matter)
├ S 我 wǒ (I)
├ V 去 qù (go)
├(Av-Ql) 办 bàn (do)
└(Av-Ql) 吧 ba (suggestion particle)
```

The topocalized direct object of the subordinate sentence may be at the head of the sentence.

(345) 年轻人的事儿咱们别管了. niánqīngrén de shìr zánmen bié guǎn le (Don't worry about the young people's affairs.)
```
         ┌(Aj-Ql) 年轻人 niánqīngrén (young people) 的 de (adjective marker)
    ┌─── O 事儿 shìr (affair)
    ├ S 咱们 zánmen (we (including you))
    ├ V 别 bié (separate)
    ├ O ┌V 管 guǎn (care)
    │   │
    └(Av-Ql) 了 le (perfection particle)
```

(346) 那个请在那边处理. nàgè qǐng zài nà biān chǔlǐ (Please deal with it there.)
```
                       ┌ O 那个 nàgè (that)
    ┌ S (我 wǒ (I))
    ├ V 请 qǐng (ask)
    └ O ┌ S (你 nǐ (you))
        │  ┌(Av-P) V 在 zài (be)
        │        └(Aj-Ql) 那边 nà biān (there)
        └ V 处理 chǔlǐ (deal with)
```

(347) 有请. yǒu qǐng (Welcome.)
```
    ┌ O ┌ S (您 nín (you (polite)))
    │   └ V 有 yǒu (be)
    ├ S (我 wǒ (I))
    └ V 请 qǐng (ask)
```

(348) 不认识的字查一查字典就知道. bù rènshì de zì chá yī chá zìdiǎn jiù zhīdào (If you look at the dictionary, you can understand unknown characters.)
```
                   ┌(Av-Qt) 不 bù (not)
            ┌(Aj-Ql) V 认识 rènshì (know) 的 de (adjective marker)
       ┌─ O 字 zì (character)
       ├(Av-Ql) ┌ S (谁 shéi (anyone))
       │        ├ V 查 chá (look)
       │        │    ┌(Av-Qt) 一 yī (one)
       │        ├ O 查 chá (look)
       │        └(Av-P) 字典 zìdiǎn (dictionary)
       ├ S (谁 shéi (anyone))
       ├(Av-T) 就 jiù (soon)
       └ V 知道 zhīdào (understand)
```

The topicalized direct object may be that of an adjective clause.

(349) 钱我不收的. qián wǒ bù shōu de (Money I don't accept it. I am who doesn't accept money.)
```
              ─── O 钱 qián (money)
        ┌ S 我 wǒ (I)
        ├ V (是 shì (be))
        │        ┌(Av-Qt) 不 bù
        ├(Aj-Ql) └V 收 shōu (accept) 的 de (adjective marker)
        │
        └ C (人 rén (person))
```

82

Chinese Syntax Tree Diagram

(350) 这个问题，我们也是很注意的. zhèige wèntí, wǒmen yě shì hěn zhùyì de (We are also very concerned about this issue.)

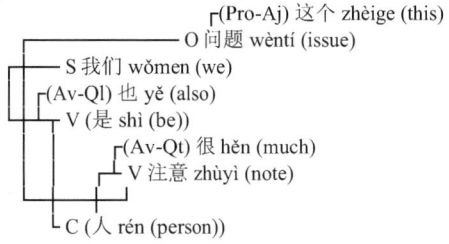

```
            ┌(Pro-Aj) 这个 zhèige (this)
       ┌────── O 问题 wèntí (issue)
   ┌── S 我们 wǒmen (we)
   │  ┌(Av-Ql) 也 yě (also)
   ├── V (是 shì (be))
   │       ┌(Av-Qt) 很 hěn (much)
   │       └ V 注意 zhùyì (note)
   └ C (人 rén (person))
```

The direct object of some verbs, which do not precede the verb with the direct object marker 把 bǎ, is topicalized in case of the pronoun.

(351) 这我知道. zhè wǒ zhīdào (I know that.)
```
┌ O 这 zhè (this)
├ S 我 wǒ (I)
└ V 知道 zhīdào (know)
```

(352) 这她坚决拒绝. zhè tā jiānjué jùjué (She refuses this resolutely.)
```
┌ O 这 zhè (this)
├ S 她 tā (she)
│ ┌(Av-Ql) 坚决 jiānjué (resolutely)
└ V 拒绝 jùjué (refuse)
```

The topicalized direct object leaves the pronoun 它 tā (it) in its position to clarify that it is the direct object. However, the dummy pronoun to keep the word order is much less frequent than in English because of the monosyllabic words; *It* is important *to think carefully*. *John* I love *him*. *To my mother*, I told *her* the truth.

(353) 这把刀，我只用它切菜. zhè bǎ dāo, wǒ zhǐ yòng tā qiē cài (This knife, I only use it to cut vegetables.)
```
         ┌(Pro-Aj) 这把 zhè bǎ (this grasp)
   ┌── O 刀 dāo (knife)
   ├── S 我 wǒ (I)
   │ ┌(Av-Ql) 只 zhǐ (only)
   ├ V 用 yòng (use)
   └ O 它 tā (it)
     └(Av-Ql) ┌ V 切 qiē (cut)
              └ O 菜 cài (vegetables)
```

Though the indirect object is the most latent element in many languages, we can find it before the subject and verb with a marker.

(354) 跟你他不配. gēn wǒ nǐ bùpèi (He doesn't deserve you.)
```
   ┌(Aj-Ql) 跟 gēn (indirect object marker)
 ┌ I 你 nǐ (you)
 ├ S 他 tā (he)
 │ ┌(Av-Qt) 不 bù (not)
 └ V 配 pèi (deserve)
```

83

(355) 跟别人她都说她十九了.gēn biérén tā dū shuō tā shíjiǔle (She told every other people that she was nineteen.)
```
         ┌(Aj-Ql) 跟 gēn (indirect object marker)
    ┌─ I 别人 biérén (other people)
    ├─ S 她 tā (she)
    ├(Av-Qt) 都 dū (all)
    ├─ V 说 shuō (deserve)
    ├─ O ┌ S 她 tā (she)
    │    ├ V(是 shì (be))
    │    └ C 十九 shíjiǔ (nineteen)
    └(Av-Ql) 了 le (perfection particle)
```

(356) 对他们我终生感激.duì tāmen wǒ zhōngshēng gǎnjī (I am grateful to them for life.)
```
         ┌(Aj-Ql) 对 duì (indirect object marker)
    ┌─ I 他们 tāmen (they)
    ├─ S 我 wǒ (I)
    ├(Av-T) 终生 zhōngshēng (for life)
    └─ V 感激 gǎnjī (be grateful)
```

(357) 对他,我的内心只有感激. duì tā, wǒ de nèixīn zhǐyǒu gǎnjī (To him, my heart is only grateful.)
```
         ┌(Aj-Ql) 对 duì (indirect object marker)
    ┌─ I 他 tā (he)
    │    ┌(Pro-Aj) 我 wǒ (I) 的 de (adjective marker)
    ├─ S 内心 nèixīn (herat)
    ├(Av-Qt) 只 zhǐ (only)
    ├─ V 有 yǒu (have)
    └─ O 感激 gǎnjī (thanks)
```

The indirect object of the subordinate sentence is topicalized at the beginning in the following.

(358) 对你们我要表示永恒谢意. duì nǐmen wǒ yào biǎoshì yǒnghéng xièyì (I want to express eternal gratitude to you.)
```
         ┌(Aj-Ql) 对 duì (indirect object marker)
    ┌─── I 你们 nǐmen (you pl.)
   ┌─ S 我 wǒ (I)
   ├─ V 要 yào (need)
   └─ O ┌ S (我 wǒ (I))
        │
        ├ V 表示 biǎoshì (express)
        │    ┌(Aj-T) 永恒 yǒnghéng (eternal)
        └ O 谢意 xièyì (gratitude)
```

84

Chinese Syntax Tree Diagram

(359) 对他们我甚是羡慕 duì tāmen wǒ shén shì xiànmù (I am really envious of them. I am really who envy them.)
```
    ┌(Aj-Ql) 对 duì (indirect object marker)
    │  I 他们 tāmen (they)
  ┌─ S 我 wǒ (I)
  │ ┌(Av-Qt) 甚 shén (extremely)
  ├─┤
  │ └ V 是 shì (be)
  │       ┌(Aj-Ql)  └ V 羡慕 xiànmù (be envious) (的 de (adjective marker))
  └───────┤
          └ C (人 rén (person))
```

The adverb of time, which is the first adverb between the subject and the verb, precedes the subject easily.

(360) 今天天气真好. jīntiān tiānqì zhēn hǎo (Today the weather is very good.)
```
  ┌(Av-T) 今天 jīntiān (today)
  ├ S 天气 tiānqì (weather)
  ├(Av-Ql) 真 zhēn (really)
  └ V 好 hǎo (be good)
```

(361) 明后天我们都得开夜车. mínghòutiān wǒ dōu děi kāi yèchē (Tomorrow and the day after tomorrow we have to drive night train; stay up all night.)
```
  ┌(Av-T) 明后天 jīntiān (the day after tomorrow)
  ├ S 我们 wǒmen (we)
  ├(Av-Qt) 都 dōu (all)
  ├ V 得 děi (get)
  └ O ┌V 开 hǎo (open)
      └O 夜车 yèchē (night train)
```

(362) 我去的时候他正在做作业呢. wǒ qù de shíhòu tā zhèngzài zuò zuo yè ne (He was doing homework when I visited him.)
```
              ┌ S 我 wǒ (I)
       ┌(Aj-Ql) └ V 去 qù (go)
  ┌(Av-T) 时候 shíhòu (time)
  ├ S 他 tā (he)
  ├(Av-Ql) 正 zhèng (just)
  ├ V 在 zài (be)
  ├(Av-Ql) ┌ V 做 zuò (do)
  │        └ O 作业 zuo yè (homework)
  └(Av-Ql) 呢 ne (affirmation particle)
```

We can find the adverb of place, which is next to the adverb of time, even topicalized (365), before the subject in the form of noun without 在 zài (be).

(363) 武陵源雾尤其大. wǔlíngyuán wù yóuqí dà. In Wulingyuan fog is specially thick.
```
  ┌(Av-P) 武陵源 wǔlíngyuán ((as for) Wulingyuan)
  ├ S 雾 wù (fog)
  ├(Av-Ql) 尤其 yóuqí (specially)
  └ V 大 dà (be thick)
```

(364) 上海人多,北京汽车多. shànghǎi rén duō, běijīng qì chē duō (There are many people in Shanghai, and there are many cars in Beijing.)
- (Av-P) 上海 shànghǎi ((as for) Shanghai)
  - S 人 rén (man)
  - V 多 duō (be many)
- (Av-P) 北京 běijīng ((as for) Beijing.)
  - S 汽车 qìchē (car)
  - V 多 duō (be many)

(365) 夏天他们那儿气温不高. xiàtiān tāmen nàr qìwēn bù gāo (In summer it is not hot where they are.)
- (Av-T) 夏天 xiàtiān (in summer)
  - (Pro-Aj) 他们 tāmen (they)
- (Av-P) 那儿 nàr (there)
- S 气温 qìwēn (temperature)
- (Av-Qt) 不 bù (not)
- V 高 gāo (be high)

The quantifier adverb before the subject is not frequent. It is probably because the quantity, dependent of the change, is more closely related to the change than the time and the place, which may be independent of the change. Analogous to the negative quantifier adverb, which should be just before the verb, other quantifier adverbs hardly precede the subject. And, the 万一 wàn yī (one-ten-thousandth) in (367) is similar to the conjunction 如果 rúguǒ (if).

(366) 他大半不来了. tā dàbàn bù láile (He probably won't come.)
- S 他 tā (he)
- (Av-Qt) 大半 dàbàn (mostly)
- (Av-Qt) 不 bù (not)
- V 来 lái (come)
- (Av-Ql) 了 le (perfection particle)

(367) 万一你遇到困难,我会帮助你的. wàn yī nǐ yù dào kùnnán, wǒ huì bāngzhù nǐ de (In case you have difficulties, I will help you.)
- (Av-Qt) 万一 wàn yī (one-ten-thousandth)
- S 你 nǐ (you)
- V 遇 yù (encounter)
- (Av-Ql) 到 dào (reach)
- O 困难 kùnnán (difficulty)
- S 我 wǒ (I)
- V 会 huì (master)
- O
  - V 帮助 bāngzhù (help)
  - O 你 nǐ (you)
- (Av-Ql) 的 de (affirmation particle)

The following qualifier adverbs are topicalized before the subject. The seeming preposition 对 duì is lost in (369, 370).

Chinese Syntax Tree Diagram

(368) 用一下，可以吗？ yòng yíxià, kěyǐ ma (Can I use it for a moment?)
```
┌(Av-Ql) V 用 yòng (use)
│       └(Av-T) 一下 yíxià (a moment)
├ S (我 wǒ (I))
└ V 可以 kěyǐ (be acceptable)
```

(369) 你做的工作他很满意. nǐ zuò de gōngzuò tā hěn mǎnyì (He is very satisfied with the work you have done.)
```
┌(Av-Ql) ┌V (对 duì (face))
│        │        ┌(Aj-Ql) ┌ S 你 nǐ (you)
│        │        │        └ V 做 zuò (do) 的 de (adjective marker)
│        └ O 工作 gōngzuò (work)
├ S 他 tā (he)
├(Av-Qt) 很 hěn (very)
└ V 满意 mǎnyì (be satisfied)
```

(370) 她说的话他们非常高兴. tā shuō de huà tāmen fēicháng gāoxìng (They are very happy when she says something.)
```
┌(Av-Ql) ┌V (对 duì (face))
│        │        ┌(Aj-Ql) ┌ S 她 tā (she)
│        │        │        └ V 说 shuō (say) 的 de (adjective marker)
│        └ O 话 huà (word)
├ S 他们 tāmen (they)
├(Av-Ql) 非常 fēicháng (be extraordinary)
└ V 高兴 gāoxìng (be happy)
```

The so called 主谓谓语句 zhǔ wèi wèi yǔjù (Subject-predicate statement) begins with a topicalized qualifier adverb meaning "as for…".

(371) 孩子们肚子饿. háizimen dùzi è (The children are hungry.)
```
┌(Av-Ql) 孩子们 háizimen ((as for) children)
├ S 肚子 dùzi (belly)
└ V 饿 è (be hungry)
```

(372) 兔子耳朵很长. tùzǐ ěrduǒ hěn cháng (The rabbit has long ears.)
```
┌(Av-Ql) 兔子 tùzǐ ((as for) rabbit)
├ S 耳朵 ěrduǒ (ear)
│  ┌(Av-Qt) 很 hěn (very> predicate marker)
└ V 长 cháng (be long)
```

(373) 通讯社中国有两个. tōngxùnshè zhōngguó yǒu liǎng gè (There are two news agencies in China.)
```
┌(Av-Ql) 通讯社 tōngxùnshè ((as for) news agency)
├ S 中国 zhōngguó (China)
├ V 有 yǒu (have)
└ O 两个 liǎng gè (two)
```

The adverb before the subject, called "sentence adverb" in the formal grammar, appears to modify not only the verb, but the whole sentence. However, while the cognition is composed of space and time, the adverb modifies not the noun or the sentence, but the verb, which relate the three components of the sentence; SOI.

(374) 大概他不知道吧. dàgài tā bù zhīdào ba (Probably he doesn't know.)
```
┌─(Av-Ql) 大概 dàgài (probably)
├─ S 他 tā (he)
├─(Av-Qt) 不 bù (not)
│  ┌─ V 知道 zhīdào (know)
└──┤
   └─(Av-Ql) 吧 ba (supposition particle)
```

(375) 果然地球真蓝呢. guǒrán dìqiú zhēn lán ne (Sure enough, the earth is really blue.)
```
┌─(Av-Ql) 果然 guǒrán (probably)
├─ S 地球 dìqiú (earth)
├─(Av-Ql) 真 zhēn (really)
│  ┌─ V 蓝 lán (blue)
└──┤
   └─(Av-Ql) 呢 ne (assertion particle)
```

(376) 幸亏及早医疗, 病人才得救了. xìngkuī jízǎo yīliáo, bìngrén cái déjiùle (Thanks to early medical treatment, the patient was saved.)
```
┌─(Av-Ql) 幸亏 xìngkuī (fortune lose>owe to fortune)
├─(Av-T) 及早 jízǎo (early)
├─ S (医生 yī shēng (doctor))
└─ V 医疗 yīliáo (treat)

── S 病人 bìngrén (patient)
┌─(Av-Ql) 才 cái (just)
│  ┌─ V 得救 déjiù (be saved)
└──┤
   └─(Av-Ql) 了 le (perfection particle)
```

The noun complement is topicalized after the modified verb 是 shì (be). The known and redundant nouns are omitted as follows.

(377) 是他没理. shì tā méi lǐ (It is he who is wrong.)
```
┌─ V 是 shì (be)
├─ C 他 tā (he)
└─ S (人 rén (person))
       │              ┌─(Av-Qt) 没 méi (not)
       └─(Aj-Ql) ──── ├─ V (有 yǒu (have))
                      └─ O 理 lǐ (reason) (的 de (adjective marker))
```

(378) 是我输了. shì wǒ shūle (I lost.)
```
┌─ V 是 shì (be)
├─ C 我 wǒ (I)
└─ S (人 rén (person))
       └─(Aj-Ql) V 输 shū (lose)
                └─(Av-Ql) 了 le (perfection particle) (的 de (adjective marker))
```

(379) 是他促成了这件事. shì tā cùchéngle zhè jiàn shì (It was he who contributed to this.)
```
┌─ V 是 shì (be)
├─ C 他 tā (he)
└─ S (人 rén (person))
       └─(Aj-Ql) ┌─ V 促成 cùchéng (promote and success)
                 ├─(Av-Ql) 了 le (perfection particle)
                 │  ┌─(Pro-Aj) 这件 zhè jiàn (this)
                 └──┤
                    └─ O 事 shì (matter) (的 de (adjective marker))
```

Chinese Syntax Tree Diagram

(380) 是他们挑起了事端. shì tāmen tiǎo qǐle shìduān (It was they who provoked the incident.)
```
┌─ V 是 shì (be)
├─ C 他们 tāmen (they)
└─ S (人 rén (person))
     └─(Aj-Ql) ┌─ V 挑起 tiǎo qǐ (provoke)
               ├─(Av-Ql) 了 le (perfection particle)
               └─ O 事端 shìduān (matter) (的 de (adjective marker))
```

(381) 是你拍的那张照片吗？shì nǐ pāi dì nà zhāng zhàopiàn ma (Is the photo you took?)
```
┌─ V 是 shì (be)
│              ┌─ S 你 nǐ (you)
│   ┌─(Aj-Ql)  └─ V 拍 pāi (take) 的 dì (adjective marker)
├─ C (照片 zhàopiàn (photo))
│   ┌─(Pro-Aj) 那张 nà zhāng (that)
├─ S 照片 zhàopiàn (photo)
└─(Av-Ql) 吗 ma (interrogation particle)
```

(382) 是你画的那个吗？shì nǐ huà dì nàgè ma (Is that the one you painted?)
```
┌─ V 是 shì (be)
│              ┌─ S 你 nǐ (you)
│   ┌─(Aj-Ql)  └─ V 画 huà (draw) 的 dì (adjective marker)
├─ C (画 huà (picture))
│   ┌─(Pro-Aj) 那个 nà gè (that)
├─ S (画 huà (picture))
└─(Av-Ql) 吗 ma (interrogation particle)
```

(383) 是你爸爸做的那张桌子吗？shì nǐ bàba zuò dì nà zhāng zhuōzi ma (Is that the table your father made?)
```
┌─ V 是 shì (be)
│                 ┌─(Pro-Aj) 你 nǐ (you)
│              ┌─ S 爸爸 bàba (father)
│   ┌─(Aj-Ql)  └─ V 做 zuò (make) 的 de (adjective marker)
├─ C (桌子 zhuōzi (table))
│   ┌─(Pro-Aj) 那张 nà zhāng (that)
├─ S 桌子 zhuōzi (table)
└─(Av-Ql) 吗 ma (interrogation particle)
```

The noun complement is also topicalized with a relative pronoun 这 zhè (this) in the following sentences. The ordinal number in (385) expresses not the quantity, but the location as we have seen in the FIGURE 6.

(384) 他这是诈语. tā zhè shì zhà yǔ (He is a liar. < It's he, who lies.)
```
┌─ C 他 tā (he)
├─ S 这 zhè (this; who)
├─ V 是 shì (be)
└─(Aj-Ql) ┌─ V 诈 zhà (exploit)
          └─ O 语 yǔ (word)
```

(385) 我这是第二次来瀋陽. wǒ zhè shì dì èr cì lái shěnyáng (This is my second visit to Shenyang. < It's me, who visits Shenyang for the second time.)
```
 ┌ C 我 wǒ (I)
 ├ S 这 zhè (this; who)
 ├ V 是 shì (be)
 │          ┌(Av- P) 第二次 dì èr cì (second time)
 └(Aj-Ql) V 来 lái (come)
            └(Av-P) 瀋陽 shěnyáng (Shenyang)
```

(386) 你这是拖全厂的后腿.nǐ zhè shì tuō quán chǎng de hòu tuǐ (You stand in the way of the whole factory.< It's you, who stands in the way of the whole factory.)
```
 ┌ C 你 nǐ (you)
 ├ S 这 zhè (this; who)
 ├ V 是 shì (be)
 └(Aj-Ql) ┌ V 拖 tuō (drag)
          │             ┌(Aj-Qt) 全 quán (whole)
          │   ┌(Aj-Ql) 厂 chǎn (factory) 的 de (adjective marker)
          └ O 后腿 hòu tuǐ (hind leg)
```

(387) 你这是在安抚我吗？nǐ zhè shì zài ānfǔ wǒ ma? (Are you pacifying me? < Is it you, who is pacifying me?)
```
 ┌ C 你 nǐ (you)
 ├ S 这 zài (this; who)
 ├ V 是 shì (be)
 ├(Aj-Ql) V 在 zài (be)
 │        └(Av-Ql) ┌ V 安抚 ānfǔ (pacify)
 │                 └ O 我 wǒ (I)
 └(Av-Ql) 吗 ma (interrogation particle)
```

The adjective clause, which is just before the modified noun in (150, 151), is before the subject in the following.

(388) 谁技术全面，就让他做中锋.shéi jìshù quánmiàn, jiù ràng tā zuò zhōngfēng (Who is technically comprehensive, let him be a center forward right away.)
```
                    ┌ S 谁 shéi (who)
                    │ ┌(Av-Ql) 技术 jìshù (technic)
          ┌(Aj-Ql)  └ V 全面 quánmiàn (be all-around)
 ┌ S (我 wǒ (I))
 ├(Av-T) 就 jiù (right away)
 ├ V 让 ràng (let)
 │
 ├ I 他 tā (he)
 └ O ┌ V 做 zuò (do)
     └ O 中锋 zhōngfēng (center)
```

2. Omission

There cannot be a space without time nor time without space. There cannot be a time or change without the beginning nor without the end and the change causes the interest to the third party more or less. While the four-dimensional cognition is correlative, all the sentences should have SVIO.

Chinese Syntax Tree Diagram

Notwithstanding, most sentences do not represent all the components for various reasons, which we will see in the following.

2. 1. Subjects

The subject of the second sentence identical with the first is not repeated in (389, 390), which are regarded as a kind of 连动句 lián dòng jù (linked sentence) in the formal grammar.

(389) 她去过欧洲, 没去过美国. tā qùguo ōuzhōu, méi qùguo měiguó (She has been to Europe and has never been to the United States.)
```
├─ S 她 tā (she)
└─ V 去 qù (go)
  ├─(Av-Ql) 过 guo (experience paticle)
  └─(Av-P) 欧洲 ōuzhōu (Europe)
├─ S (她 tā (she))
├─(Av-Qt) 没 méi (not)
  └─ V 去 qù (go)
    ├─(Av-Ql) 过 guo (experience paticle)
    └─(Av-P) 美国 měiguó (the United States)
```

(390) 我就要这个,不要别的. wǒ jiù yào zhège, bùyào bié de (I want this, don't want anything else.)
```
├─ S 我 wǒ (I)
├─(Av-Ql) 就 jiù (just)
├─ V 要 yào (need)
└─ O 这个 zhège (this)
├─ S (我 wǒ (I) )
├─(Av-Qt) 不 bù (not)
├─ V 要 yào (need)
   ├─(Aj-Ql) 别 bié (other) 的 de (adjective marker)
└─ O (东西 dōngxī (thing))
```

(391) 为了身体的健康, 他不喝酒也不抽烟. wèile shēntǐ de jiànkāng, tā bù hējiǔ yě bù chōuyān (For the health of the body, he does not drink or smoke.)
```
├─(Av-Ql) ├─V 为 wèi (do)
│         └─(Av-Ql) 了 le (perfection particle)
│            ├─(Aj-Ql) 身体 shēntǐ (body) 的 de (adjective marker)
│            └─ O 健康 jiànkāng (health)
├─ S 他 tā (he)
├─(Av-Qt) 不 bù (not)
├─ V 喝 hē (drinkd)
└─ O 酒 jiǔ (wine)
├─ S (他 tā (he) )
├─(Av-Ql) 也 yě (also)
├─(Av-Qt) 不 bù (not)
├─ V 抽 chōu (inhale)
└─ O 烟 yān (smoke)
```

The second subject identical with the first is omitted in the sentences of continuous change.

(392) 那人开门出去了. nà rén kāimén chūqùle (The man opened the door and went out.)
- (Pro-Aj) 那 nà (that)
- S 人 rén (man)
- V 开 kāi (open)
- O 门 mén (door)
  - (Pro-Aj) (那 nà (that))
  - S (人 rén (man))
  - V 出 chū (go out)
  - (Av-Ql) 去 qù (go)
  - (Av-Ql) 了 le (perfection particle)

(393) 我姐姐总是骑自行车去美容院. wǒ jiějiě zǒngshì qí zìxíngchē qù měiróngyuàn (My older sister always goes to the beauty salon by bicycle.)
- (Pro-Aj) 我 wǒ (I)
- S 姐姐 jiějiě (older sister)
- (Av-T) 总是 zǒngshì (always)
- V 骑 qí (mount)
- O 自行车 zìxíngchē (bicycle)
  - (Pro-Aj) (我 wǒ (I))
  - S (姐姐 jiějiě (older sister))
  - V 去 qù (go)
  - (Av-P) O 美容院 měiróngyuàn (beauty salon)

The subject of the subordinate sentence indintical with that of the main sentence is omitted.

(394) 我想实现我的梦想. wǒ xiǎng shíxiàn wǒ de mèngxiǎng (I want to realize my dream.)
- S 我 wǒ (I)
- V 想 xiǎng (think)
- O
  - S (我 wǒ (I))
  - V 实现 shíxiàn (realiza)
    - (Pro-Aj) 我 wǒ (I) 的 de (adjective marker)
  - O 梦想 mèngxiǎng (dream)

(395) 您打算哪天去？nín dǎsuàn něi tiān qù (Which day are you going to go?)
- S 您 nín (you (polite))
- V 打算 dǎsuàn (intend)
- O
  - S (您 nín (you (polite)))
    - (Pro-Aj) 哪 něi (which)
  - (Av-T) 天 tiān (day)
  - V 去 qù (go)

(396) 我们会让他作证. wǒmen huì ràng tā zuòzhèng. (We can let him testify.)
- S 我们 wǒmen (we)
- V 会 huì (master)
- O
  - S (我们 wǒmen (we))
  - V 让 ràng (let)
  - I 他 tā (he)
  - O 作证 zuòzhèng (testify)

We have seen in (89-93) that the subject of the infinitive is omitted when it is identical with the indirect object of the main verb.

Chinese Syntax Tree Diagram

The subject 我 wǒ (I) is not expressed when it is known in the context.

(397) 欢迎，欢迎. huānyíng, huānyíng (Welcome.)
```
┌ S (我们 women (we))
└ V 欢迎, 欢迎 huānyíng, huānyíng (welcome, welcome)
```

(398) 给您指南手册. gěi nín zhǐnán shǒucè (I give you a guidebook.)
```
┌ S (我 wǒ (I))
├ V 给 gěi (early)
├ I 您 nín (you (polite))
│    ┌(Aj- Ql) 指南 zhǐnán (guide)
└ O 手册 shǒucè (maual)
```

(399) 想参加马拉松比赛. xiǎng cānjiā mǎlāsōng bǐsài (I want to participate in the marathon.)
```
┌ S (我 wǒ (I))
├ V 想 xiǎng (think)
└ O <V 参加 cānjiā (drag)
       └ (Av-P) 马拉松比赛 mǎlāsōng bǐsài (marathon race)
```

(400) 认识你很高兴. rènshì nǐ hěn gāoxìng (Nice to meet you.)
```
┌─ S (我 wǒ (I))
│  ┌(Av-Ql) ┌ S (我 wǒ (I))
│  │        ├ V 认识 rènshì (know)
│  │        └ O 你 nǐ (you)
├(Av-Qt) 很 hěn (very)
└ V 高兴 gāoxìng (be glad)
```

The subject of the imperative 咱们 zánmen (we (including you)) is omitted in (401).

(401) 走吧. zǒu ba (Let's go.).
```
┌─ S (咱们 zánmen (we (including you))
├ V 走 zǒu (go)
└(Av-Ql) 吧 ba (supposition Particle)
```

The known subject 你 nǐ (you) may be omitted, not only in the imperative, more than the polite "you" 您 nín.

(402) 趁热吃. chèn rè chī (Eat while it is hot.)
```
┌(Av-Ql) 趁热 chèn rè (while be hot)
├ S (你 nǐ (you))
└ V 吃 chī (eat)
```

(403) 看到了吗？kàndào le ma (Did you see it?)
```
┌─ S (你 nǐ (you))
├ V 看 kàn (get)
├(Av-Ql) 到 dào (reach)
├(Av-Ql) 了 le (perfection particle)
└(Av-Ql) 吗 ma (interrogation particle)
```

The indefinite personal subject is not expressed in the following sentences.

(404) 救命啊！jiùmìng a (Help me!)
- S (谁 shéi (someone))
- V 救 jiù (save)
- O 命 mìng (life)
- (Av-Ql) 啊 a (explamation particle)

(405) 到故宫怎么走？dào gùgōng zěnme zǒu (How do they go to the The Forbidden City?)
- S (谁 shéi (anyone))
- (Av-Qt) (都 dōu (all))
- (Av-P) V 到 zhēn (really)
  - (Av- P) 故宫 gùgōng (The Forbidden City)
- (Av-Ql) 怎么 zěnme (how)
- V 走 zǒu (go)

Omitted the indefinite subject, the focus of the following sentence is on the direct object. Therefore, the sentence may be translated as the passive, losing the agent.

(406) 信写好了. xìn xiě hǎole (The letter is written well.)
- S (有人 yǒurén (someone))
- O 信 xìn (letter)
- V 写 xiě (write)
- (Av-Ql) 好 hǎo (be good)
- (Av-Ql) 了 le (perfection particle)

Even when the definite subject of (407) is omitted and the direct object is topicalized before the subject, the sentence (408) is regarded as the passive.

(407) 两国领导人在友好的气氛中举行了会谈. liǎng guó lǐngdǎo rén zài yǒuhǎo de qìfēn zhōng jǔxíngle huìtán (The leaders of the two countries held talks in a friendly atmosphere.)
- (Aj-Qt) 两 liǎng (two)
- (Aj-Ql) 国 guó (country)
- S 领导人 lǐngdǎo rén (leader)
- (Av-P) V 在 zài (be)
  - (Aj-Ql) 友好 yǒuhǎo (be freidnly) 的 de (adjective marker)
  - (Av-P) 气氛 qìfēn (atmosphere) 中 zhōng (inside)
- V 举行 jǔxíng (hold)
- (Av-Ql) 了 le (perfection particle)
- O 会谈 huìtán (talks)

(408) 会谈在友好的气氛中举行了. huìtán zài yǒuhǎo de qìfēn zhōng jǔxíngle. (The talks were held in a friendly atmosphere.)
- O 会谈 huìtán (talks)
- S (领导人 lǐngdǎo rén (leader))
- (Av-P) V 在 zài (be)
  - (Aj-Ql) 友好 yǒuhǎo (be freidnly) 的 de (adjective marker)
  - (Av-P) 气氛 qìfēn (atmosphere) 中 zhōng (inside)
- V 举行 jǔxíng (hold)
- (Av-Ql) 了 le (perfection particle)

Chinese Syntax Tree Diagram

The known subject of the main verb and the indefinite subject of the subordinate sentence are omitted in the following sentence.

(409) 听说在饭店里可以换钱. tīng shuō zài fàndiàn lǐ kěyǐ huànqián (I heard that you can exchange money in the hotel.)

```
┌ S (我 wǒ (I))
├ V 听 tīng (hear)
└ O ┌ S (有人 yǒurén (someone))
    ├ V 说 shuō (say)
    │       ┌(Av-P) V 在 zài (be)
    │       └(Av-P) 饭店 fàndiàn (hotel) 里 lǐ (inside)
    └ O ┬ S (谁 shéi (anyone))
        ├ V 可以 kěyǐ (be acceptable)
        └(Av-Ql) ┌ V 换 huàn
                 └ O 钱 qián
```

The omitted pronoun 这 zhè (this) in (410) is personal corresponding to English relative pronoun "who".

(410) 他听出是我在喊他. tā tīng chū shì wǒ zài hǎn tā (He heard that it was I who was calling him.)

```
┌ S 他 tā (he)
├ V 听 tīng (hear)
├(Av-Ql) 出 chū (go out)
└ O ┌ S (这 zhè (this; who))
    ├ V 是 shì (be)
    ├ C 我 wǒ (I)
    └(Aj-Ql) V 在 zài (be)
        └(Av-Ql) ┌ V 喊 hǎn (call)
                 └ O 他 tā (he)
```

Also the non-personal subject may be omitted while it is known in the context.

(411) 真好吃 ! zhēn hào chī ((this is) Really tasty!)

```
┌ S (这个 zhège (this))
├(Av-Ql) 真 zhēn (really)
└ V 好吃 hào chī (be tasty)
```

(412) 就是这样. jiùshì zhèyàng (That's it.)

```
┌ S (事情 shìqíng (case))
├(Av-Qt) 就 jiù (just)
├ V 是 shì (be)
└ C 这样 zhèyàng (this way)
```

95

(413) 这像是船在河里搁浅了. zhè xiàng shì chuán zài hé lǐ gēqiǎnle. (It seems that the ship was stranded in the river.)
```
┌ S 这 zhè (this)
├ V 像 tīng (resemble)
└ O ┌ S (it)
    ├ V 是 shì (be)
    └ C ┌ S 船 chuán (ship)
        ├(Av-P) V 在 zài (be)
        │       └(Av-Ql) 河 hé (river) 里 lǐ (inside)
        ├ V 搁浅 gēqiǎn (be stranded)
        └(Av-Ql) 了 le (perfection particle)
```

Considering the examples of the verb 有 yǒu (have) with personified subject mentioned above (30-38), we can suppose a known subject omitted. The omitted subject is not interested and in (418) is hardly restored, but, while the time is one-dimensional, there must be both the beginning and the end of the time expressed by the subject and the direct object.

(414) 有单人房. yǒu dān rén fáng (There is a single room.)
```
┌ S (这家酒店 zhè jiā jiǔdiàn (this hotel))
├ V 有 yǒu (have)
│   ┌(Aj-Ql) 单人 dān rén (single person)
└ O 房 fáng (room)
```

(415) 有冰激凌吗? yǒu bīngjīlíng ma (Is there ice cream?)
```
┌ S (这家商店 zhè jiā shāngdiàn (this store))
├ V 有 yǒu (have)
├ O 冰激凌 bīngjīlíng (ice crean)
└(Av-Ql) 吗 ma (interrogation particle)
```

(416) 门前有人. mén qián yǒurén (Someone is in front of the door.)
```
┌(Av-P) 门前 mén qián (front of the door)
├ S (something)
├ V 有 yǒu (have)
└ O 人 rén (person)
```

(417) 那时家里有谁在吗？nà shí jiā li yǒu shéi zài ma (Who was there at the time?)
```
        ┌(Pro-Aj) 那 nà (that)
├(Av-T) 时 shí (time)
├(Av-P) 家 jiā (house) 里 li (inside)
├ S (something)
├ V 有 yǒu (have)
├ O 谁 shéi (who)
├(Av-Ql) 在 zài (be)
└(Av-Ql) 吗 ma (interrogation particle)
```

Chinese Syntax Tree Diagram

(418) 有人同意他的意见. yǒurén tóngyì tā de yìjiàn (There are people who agree with him.)
```
┌ S (something)
├ V 有 yǒu (have)
└ O 人 rén (person)
   └(Aj-Ql) ┌ V 同意 tóngyì (agree)
            │ ┌(Pro-Aj) 他 tā (he) 的 de (adjective marker)
            └ O 意见 yìjiàn (opinion)
```

We see the same structure in Spanish in which the subject is always singular person.

(419) Hay gente que están de acuerdo con él. (There are people who agree with him.)
```
┌ S (Someone)
├ V Hay (has)
└ O gente (people)
   └(Aj-Ql) que (who) están (are)
            └(Av-Ql) de acuerdo con él (in agreement with him)
```

(420) Hay un libro en la mesa. (There is a book on the table.)
```
┌ S (Someone)
├ V Hay (has)
│  ┌(Aj-Ql) un (one)
├ O libro (book sg.)
└(Av-P) en la mesa (on the table)
```

2. 2. Direct Objects

The direct object of the intransitive verb, which is identical with the subject and reflexsive, is not expressed in Chinese.

The direct object known in the context does not appear as follows.

(421) 他爱人有了. tā àirén yǒule (His wife has a child.)
```
        ┌(Pro-Aj) 他 tā (he)
┌ S 爱人 àirén (wife)
├ V 有 yǒu (have)
├(Av-Ql) 了 le (perfection particle)
└ O (小孩 xiǎo hái (child))
```

(422) 我放在这个包里. wǒ fàng zài zhège bāo lǐ (I put it in this bag.)
```
┌ S 我 wǒ (I)
├ V 放 fàng (put)
├ O (它 tā (it))
└(Av-P) V 在 zài (be)
        │        ┌(Pro-Aj) 这个 zhège (this)
        └(Av-P) 包 bāo (bag) 里 lǐ (inside)
```

(423) 他每天吃个饱. tā měitiān chī gè bǎo (He eats himself full every day.)
```
┌ S 他 tā (he)
│┌(Av-T) 每天 měitiān (every day)
├ V 吃 chī (eat)
│ └(Av-Ql) 个饱 gè bǎo (full)
└ O (饭 fàn (meal))
```

97

(424) 我想不起来. wǒ xiǎng bù qǐlái (I can't remember it.)
```
┌─ S 我 wǒ (I)
├─ V 想 xiǎng (think)
│         ┌(Av-Qt) 不 bù (not)
├(Av-Ql) V 起 qǐ (rise)
│         └(Av-Ql) 来 lái (come)
└─ O (那个事情 nàgè shìqíng (that thing))
```

(425) 售票员会告诉你的. shòupiàoyuán huì gàosù nǐ de (The conductor will tell you.)
```
┌─ S 售票员 shòupiàoyuán (conductor)
├─ V 会 huì (master)
│         ┌(Aj-Ql) 把 bǎ (direct object marker))
├─ O ┌ O (它 tā (it))
│    ├ V 告诉 gàosù (tell)
│    └ I 你 nǐ (you)
└(Av-Ql) 的 de (affirmation particle)
```

(426) 好久不见. hǎojiǔ bùjiàn (long time no see.)
```
┌─ S (我 wǒ (I))
├(Av-T) 好久 hǎojiǔ (long time)
├(Av-Qt) 不 bù (not)
├─ V 见 jiàn (see)
└─ O (你 nǐ (you))
```

2. 3. Indirect Objects

As far as the four-dimensional cognition is correlative, all the sentences should have the indirect object. However, the indirect object is the least expressed of the four components, unless there is a remarkable interest such as in the verb "give", "send", "say" etc.

(427) 请等一下. qǐng děng yíxià (Please wait a moment.)
```
┌─ S (我 wǒ (I))
├─ V 请 qǐng (ask)
├─ I (您 nín (you (polite))
└─ O ┌─ S (您 nín (you (polite))
     ├─ V 等 děng
     └(Av-T) 一下 (a bit)
```

(428) 给！gěi (Here you are!) !
```
┌─ S (我 wǒ (I))
├─ V 给 gěi (give)
├─ I (你 nǐ (you))
└─ O (这个 zhège (this))
```

98

(429) 乘务员递过来一张时刻表. chéngwùyuán dì guolái yì zhāng shíkèbiǎo (The crew handed over a timetable.)
```
┌─ S 乘务员 chéngwùyuán (crew)
├─ V 递 dì (have)
├─(Av-Ql) 过 guo (experience particle)
├─(Av-Ql) 来 lái (come)
├─ I (我 wǒ (I))
│      ┌─(Aj-Qt) 一张 yì zhāng (one sheet)
└─ O 时刻表 shíkèbiǎo (timetable)
```

2. 4. Verb

Chinese is an SVO language, which shows the grammatical distinction in relation with the verb, and the verb may be a noun or an adjective or an adverb depending on the word order, then, the verb is hardly omitted to keep its situation in a sentence. Nevertheless, the omission is allowed in case of repetition.

When the verb has the direct object and the qualifier adverb after the verb, both of which should be just after the verb, the verb is repeated to put the both of them just after the verb. Then, the first verb can to be omitted.

(430) 小孩钢琴弹得很熟练. xiǎohái gāngqín de hěn shúliàn (The child plays the piano very skillfully.)
```
┌─ S 小孩 xiǎohái (child)
├─ V (弹 dàn (play))
├─ O 钢琴 gāngqín (piano)
├─ V 弹 dàn (play)
│      ┌─(Av-Ql) 得 de (adverb marker)
│      ├─(Av-Qt) 很 hěn (very)
└─(Av-Ql) 熟练 shúliàn (be skillfull)
```

(431) 你西班牙语学得很快啊. nǐ xībānyá yǔ xué dé hěn kuài a (You learn Spanish very quickly.)
```
┌─ S 你 nǐ (you)
├─ V(学 xué (learn))
├─ O 西班牙语 xībānyá (Spanish)
├─ V 学 xué (learn)
│      ┌─(Av-Ql) 得 de (adverb marker)
│      ├─(Av-Qt) 很 hěn (very)
├─(Av-Ql) 快 kuài (be quick)
└─(Av-Ql) 啊 a (exclamation particle)
```

The verb most frequent and unmarked 是 shì (be) does not appear when the complement noun is the date, day of the week, age, weather, price, etc.

(432) 今天五月十五号. jīntiān wǔ yuè shíwǔ hào (Today is May 15.)
```
┌─ S 今天 jīntiān (today)
├─ V(是 shì (be))
└─ C 五月十五号 wǔ yuè shíwǔ hào (May 15)
```

(433) 找零百块. zhǎo líng bǎi kuài (The change is one hundred yuan.)
┌ S 找零 zhǎo líng (change)
└ V (是 shì (be))
    ┌ (Aj-Qt) 百 bǎi (hundred)
    └ C 块 kuài (yuan)

The verb is allowed to be omitted when the complement shows hometown; (434), and a noun modified by adjective clause (435-37).

(434) 小孙景德镇人. xiǎo sūn jǐngdézhèn rén (Mr. Sun is from Jingdezhen.)
        ┌ (Aj-Qt) 小 xiǎo (little)
┌ S 孙 sūn (Sun)
└ V (是 shì (be))
    ┌ (Aj-P) 景德镇 jǐngdézhèn (Jingdezhen)
    └ C 人 rén (man)

(435) 他一个急性子的人. tā shì yīgè jíxìngzi de rén (He is an impacient man.)
┌ S 他 tā (he)
└ V (是 shì (be))
    ┌ (Aj-Qt) 一个 yīgè (one)
    ├ (Aj-Ql) V 急性子 jíxìngzi (be impacient) 的 de (adjective marker)
    └ C 人 rén (man)

(436) 您带的什么钱？nín dài de shénme qián (What kind of money do you have?)
            ┌ (Aj-Ql) ┌ S 您 nín (you (polite))
            │   └ V 带 dài 的 de (adjective marker)
┌ S (钱 qián (money))
└ V (是 shì (be))
    ┌ (Aj-Ql) 什么 shénme (what)
    └ C 钱 qián (money)

(437) 这种背包昨天才进的货. zhèi zhǒng bēibāo zuótiān cái jìn de huò (This kind of backpack is the goods entered just yesterday.)
        ┌ (Pro-Aj) 这种 zhèi zhǒng (this kind)
┌ S 背包 bēibāo (backpack)
└ V (是 shì (be))
        ┌ (Av-T) 昨天 zuótiān (yesterday)
        ├ (Av-Ql) 才 cái (just)
    ┌ (Aj-Ql) V 进 jìn (enter)
    └ C 货 huò (goods)

2. 5. Modified Noun

When the modified noun is known easily in the context, the noun is not expressed leaving only the modifier.

(438) 最好的是和平. zuì hǎo de shì hépíng (The best thing is peace.)
            ┌ (Av-Qt) 最 zuì (most)
        ┌ (Pro-Aj) 好 hǎo (be good) 的 de (adjective marker)
┌ S (事情 shìqíng (thing))
└ V 是 shì (be)
    └ C 和平 hépíng (peacee)

100

Chinese Syntax Tree Diagram

(439) 谁也不知道未来是怎么样的. shéi yě bù zhīdào wèilái shì zěnme yàng de (No one knows what the future is like.)

- S 谁 shéi (any one)
- (Av-Ql) 也 yě (also)
- (Av-Qt) 不 bù (not)
- V 知道 zhīdào (know)
- O ─ S 未来 wèilái (future)
  - V 是 shì (be)
    - (Pro-Aj) 怎么样 zěnme yàng (how) 的 (de (adjective marker)
  - C (光景 guāngjǐng (circumstances))

(440) 除了黑色鞋子，还有茶色的. chúle hēisè de xiézi, hái yǒu chásè de (Besides the black shoes, there is also a brown one.)

- (Av-Ql) ─ V 除 chú (also)
  - (Av-Ql) 了 le (perfection particle)
    - (Aj-Ql) 黑色 hēisè (black color) 的 de (adjective marker)
    - O 鞋子 xiézi (shoe)
- S (我们 wǒmen (we))
- (Av-Ql) 还 hái (also)
- V 有 yǒu (have)
  - (Aj-Ql) 茶色 chásè (brown color) 的 de (adjective marker)
- O (鞋子 xiézi (shoe))

(441) 看到的不一定是真的. kàn dào de bù yīdìng shì zhēn de (What you see is not necessarily true.)

- (Av-Ql) V 看 kàn (see)
  - (Av-Ql) V 到 dào (reach) 的 de (adjective marker)
- S (事情 shìqing (thing))
- (Av-Qt) 不 bù (not)
- (Av-Ql) 一定 yīdìng (necessarily)
- V 是 shì (be)
  - (Aj-Ql) 真 zhēn (be true) 的 de (adjective marker)
- C (事情 shìqing (thing))

(442) 我就要这个，不要别的. wǒ jiù yào zhège, bùyào bié de (I only want this, don't want anything else.)

- S 我 wǒ (I)
- (Av-Ql) 就 jiù (only)
- V 要 yào (need)
  - (Av-Ql) 这个 zhège (this)
- O (东西 dōngxī (thing))

- S (我 wǒ (I))
- (Av-Qt) 不 bù (not)
- V 要 yào (need)
  - (Av-Ql) 别 bié (other) 的 de (adjective marker)
- O (东西 dōngxī (thing))

Conclusion

Fundamentally Chinese sentences are composed of monosyllabic words, which may be a noun or verb or adjective or adverb in the same form depending on the word order. Being monosyllabic, a verb may have many modifiers named auxiliary verbs, complements, particles beside the adverb, whose word order distinguishes them.

The monosyllabic words expressed in a letter, 汉字 hànzì, need tones to correspond to the tremendous number of letters and, the tones vary in regions. Thanks to the ideographs, whose style is unified by 秦始皇 Qin Shi Huang (247 BC- 221 BC), the first emperor of a unified China, the words can be transmitted in written language not only in the vast China but also in neighboring countries. Even if the form is simplified or the meaning is derived, the original meaning of the letters persists, that enables Chinese to be an isolating language depending on the meaning of each letter. The letters, and pronunciation and syntax are closely linked in Chinese. As the form of the word does not change, Chinese is very different from Indo-European languages, which have inflections, conjugation and derivational forms.

However, while the essence of language is to express the cognition, which is based on the space-time outside world, any sentence structure of any language should be constrained by the structure of four-dimensional cognition.

As far as we have seen in the examples mentioned above, we can conclude that Chinese sentences are also defined in the universal sentence structure based on the four-dimensional cognition. Therefore, we can conclude that the essence of language is cognition, which is the characteristics of human beings.

Chinese Syntax Tree Diagram

Abbreviations

    S: Subject
    O: Diredt Object
    I: Indirect Object
    V: Verject/Verb
    Aj-Ql: Adjective of Quality
    Aj-Qt: Adjective of Quantity
    Aj-P: Adjective of Place
    Aj-T: Adjective of Time
    Pro-Aj: Pro-adjective
    Av-Ql: Adverb of Quality
    Av-Qt: Adverb of Quantity
    Av-P: Adverb of Place
    Av-T: Adverb of Time
    C: Complement
    Pro-Av: Pro-adverb
    N: Noun

Notes

1 For further discussion, see Sakai's other works.
2 In Shanghainese the tones are six in the old age group, which are reduced to five in the middle age group and below and, they tend to change depending on combinations of syllables. In Cantonese they are nine, including non-distinctive ones, twelve or thirteen and, in Taiwanese Hokkien, seven or eight traditionally with identical the second and the sixth.

Not only the tones but the vocabulary, syntax and letters are different in regions, but we limit to treat here the standard one.

3 The Chinese sentence patterns are based on the 1,323 sentences picked up at random from Chinese text books and dictionaries in the paper and on the web.

The English sentence patterns are based on the 3,022 English sentences of the 15 literary works ; Data: 1) J. Steinbeck. *Breakfast.* 2) —— *Flight.*(First part) 3) —— *Snake.*(Last part) 4) E. Hemingway. *Old Man at theBridge.* 5) —— *Cat in the Rain* . 6) R. Chandler. *Farewell My Lovely.* (Chap.2) 7) E.A. Poe. *Three Sundays.* 8) O. Henry. *Green door.* 9) A. Christie. *Then There Were None.* 10) G. Greene. *The Case for the Defence.* 11) Saki. *Eeaster Egg.* 12) A. Sillitoe. *The Bike.* 13) F. O'Connor. *The Drunkard.* 14) K. S. Prichard. *The Cooboo.* 15) L. M. Montgomery. *Anne of Green Gables.*(Chap.3).

4 Both the adverbs 替我 ti wǒ (substitute I) and 向老师们 xiàng lǎoshīmen (face teachers) may be the indirect object. As the indirect object is very close to the adverb, it takes the form of adverb in many languages.

5 When the subject of subordinate sentence is identical with that of the main verb, the former is omitted. Then the main verb, attached to the verb of subordinate sentence, looks like an auxiliary verb. The process of deriving an auxiliary verb from a main verb is gradual, as we see in the derivation of English "can" from German "know to", or the colloquial "wanna" from "want to".

References

Aristotle. *The Categories*. Harold P. Cooke trans., Cambridge, Mass.: Harvar. University Press.1983. Yamamoto Mitsuo trans. in Japanese, Tokyo: Iwanami-Shoten 1993.

------ *The Poetics*. W. Hamilton Fyfe trans., Cambridge, Mass.: Harvard University Press. 1938. Muraji Yoshinari trans. in Japanese, Tokyo: Kawade-Shobou-Shinsha 1974.

北京大学中文系现代汉语教研究室 (編輯) (2004) 『現代中国語総説』北京商务印书馆, Translated by 松岡 栄志 (Matsuoka Eiji), 古川 裕 (Furukawa Yutaka) 三省堂.

北京大学外国留学生中国語文専修班 (編集) (1960-61)『中国語教科書』上下巻. 光生館.

榎本 英雄 (Enomoto Hideo) (1999)『CDエクスプレス 中国語』白水社.

樊 冰 (Fán Bīng) 市瀬 智紀 (Ichinose Tomonori) 2011 「日本語の終助詞と中国語の語気助詞の対応に関する一考察――日本語教科書における終助詞「よ」「ね」「よね」を例として――」pp.53-72.『宮城教育大学 国際理解教育研究センター 年報』7.

Herder, Johann Gottfried. (1772) 'Treatise on the Origin of Language,' *Philosophical Writings*. Michael N. Forster trans. & ed. Cambridge: Cambridge University Press, 2002. Kimura Naoshi trans. in Japanese, Tokyo: Taishukan-Shoten, 1987.

石村広 (Ishimura Hiroshi) (2005)「類型特徴から見た中国語の受動文」『成城文藝』192 pp.128-142.

Jespersen, Otto. (1924) *The Philosophy of Grammar*. London: George Allen & Unwin. 1951.

神谷智幸 (Kamiya Tomoyuki) (2012)「現代中国語における"給 V" 構造の意味と機能」東京大学『言語情報科学』10, pp. 1-17.

加藤晴子 (Kato Haruko) (2009)「中国語の文頭成分(汉语的句首成分)」『東京外国語大学論集』第 79 号 pp.47-64,

木村裕章 (Kimura Hiroaki) (2010)「日本語と中国語における自・他動詞の対応と分類」『東亜大学紀要』11, pp. 1-21.

------ (2017)「中国語における目的語前置成分の属性と動詞の他動性について (The Property of Preposed Object and Transitivity of Verbs in Chinese)」『東亜大学紀要』24, pp.17-30.

劉琳 (Liú Lín) (2010) 「中国語における二重主語-日本語との対照研究から-」『杏林大学 大学院論文集』7, pp. 13-26.

劉 志偉 (Liú Zhìwěi) (2011)「中国語における文の中核的な述語に先行する要素の配置について」京都大学『類型学研究』3, pp. 141-167.

三宅登之 (Miyake Takayuki) (2012)『中級中国語；読み解く文法』白水社.

望月圭子 (Mochizuki Keiko), 申亜敏 (Shēn Yà mǐn) (2011)「日本語と中国語の複合動詞の語形成 (Word Formation in Compound Verbs in Japanese and Chinese)」『汉日语言对比研究论丛第二辑』2, pp. 46-72,

汉日对比语言学研究(协作)会. 北京大学出版社.

守屋 宏則 (Moriya Hironori) (1995)『やさしくくわしい中国語文法の基礎』東方書店.

NHK エデュケーショナル「ゴガクル　みんなで学ぶ NHK 語学フレーズ　中国語」https://gogakuru.com/chinese/index.html

Chomsky, Noam. (1957) *Syntactic Structures*. The Hague: Mounton.

------ (1964) *Current Issues in Linguistic Theory*. The Hague: Mounton.

------ (1965) *Aspects of the Theory of Syntax*. Cambridge, Mass.: MIT Press.

谷守 正寛 (Tanimori Masahiro)趙微微 (Zhao Wei Wei) (2006)「中国語と本語の主題表現比較－「是」と「は－ (Comparison of Topic Expression in Chinese and Japanese)」『地域学論集』2 巻, 3 号, pp. 401-409.

酒井優子(Sakai Yuko) (2017a) *Sentence Generation: Syntax Tree Diagram in English, Spanish, Chinese, Japanese, Ainu*. Createspace.

----- (2017b) *Universal Sentence Structure: Syntax Tree Diagram in Spanish*. Createspace. Japanese Version (2006).

----- (2017c) *Japanese Syntax Tree Diagram: Based on Universal Sentence Structure*. Createspace. Japanese Version (2011).

----- (2017d) *English Syntax Tree Diagram: Based on Universal Sentence Structure*. Createspace. Japanese Version (2016).

----- (2017e) *Ainu Syntax Tree Diagram: Based on Universal Sentence Structure*. Createspace. Japanese Version (2017).

----- (2018) *Communicativism and Cognitivism in Linguistics: From Plato Beyond Chomsky*. Createspace. Japanese Version (2002).

Sapir, Edward. (1921) *Language: An Introduction to the Study of Speech*. New York: Harcourt, Brace and World.

東京外国語大学「東京外国語大学言語モジュール　中国語」http://www.coelang.tufs.ac.jp/mt/zh/

王 丹丹 (Wáng Dāndān) (2017)「中国語における総称目的語の脱落について―英語との比較を中心に― Generic Object Drop in Chinese : A Comparative Study with English」『筑波応用言語学研究 Tsukuba Journal of Applied Linguistics』24, pp. 25-38.

王亜新(Wáng Yà xīn) 2011『中国語の構文』アルク.

------ (2016)「日本語と中国語の受動文に見られる類似点と相違点」『東洋大学人間科学総合研究所紀要』18, pp. 41-63.

文楚雄 (Wén Chǔxióng)1996「中国語の目的語の位置」『立命館言語文化研究』7 巻 5 号, pp.147-165.

------ (1998)「中国語の助動詞の位置 (The Position of the Auxiliary Verb in Chinese)」『立命館言語文化研究』9 巻, 5-6 号 pp. 199-217.

Yip Po-Ching (Author), Don Rimmington (Contributor) (2015) *Chinese: A Comprehensive Grammar (Routledge Comprehensive Grammars)* 2nd Edition, Routledge.

ZENG, Jianhong, ANDERL, Christoph, HEIRMAN, Ann (2018) "The formation of the kě 可 and kěyǐ 可以 constructions." *Cahiers de*

Linguistique Asie Orientale East Asian Languages and Linguistics 47 224–255, GhentUniversity.

張仲霏 Zhāng Zhòngfēi (2009)「現代中国語における"有＋VP"構造について」『神奈川大学人文学会誌』169, pp. 165-188.

YUKO SAKAI

Tokyo.

August 6, 2019.

Made in the USA
Columbia, SC
23 March 2020